大学生就业创业技能指导与研究

陈 勇 著

图书在版编目（CIP）数据

大学生就业创业技能指导与研究 / 陈勇著 . -- 北京：中国书籍出版社，2022.4

ISBN 978-7-5068-8983-4

Ⅰ.①大… Ⅱ.①陈… Ⅲ.①大学生—职业选择—研究 Ⅳ.① G647.38

中国版本图书馆 CIP 数据核字（2022）第 058202 号

大学生就业创业技能指导与研究

陈　勇　著

责任编辑	毕　磊
装帧设计	李文文
责任印制	孙马飞　马　芝
出版发行	中国书籍出版社
地　　址	北京市丰台区三路居路 97 号（邮编：100073）
电　　话	（010）52257143（总编室）　（010）52257140（发行部）
电子邮箱	eo@chinabp.com.cn
经　　销	全国新华书店
印　　刷	天津和萱印刷有限公司
开　　本	710 毫米 ×1000 毫米　1/16
字　　数	210 千字
印　　张	11.75
版　　次	2023 年 1 月第 1 版
印　　次	2023 年 1 月第 1 次印刷
书　　号	ISBN 978-7-5068-8983-4
定　　价	68.00 元

版权所有　翻印必究

前　言

当前中国经济发展进入新常态，"一带一路"建设已与全面深化改革同时按下了"快进键"，我国高等教育面临国内经济转型升级和对外拓展需要的双重压力。随着劳动用工制度改革的不断深化，高校大学生的就业制度也将随之发生深刻的变革。这给大学生自主择业带来了难得的机遇，同时也带来了诸多新的挑战。

高等教育在经历了十多年的快速发展后，现已逐步进入大众化教育阶段。伴随着高等教育的快速发展，高校与社会对高校大学生的就业必须给以充分的重视，这关系着数百万大学生的切身利益，关系着高等教育的发展改革和科教兴国战略的实施，关系着全社会的稳定。高校大学生是国家宝贵的人才资源，合理使用高校大学生人才资源是落实科教兴国战略的重要措施之一。同时，高校大学生就业工作涉及千家万户，关系到人民群众的切身利益，关系到国家经济发展和社会稳定。因此，如何把大学生毕业和就业相结合，特别是在大学时给他们更多的自主就业、创业的指导，是缓解当前大学生的就业压力、解决就业难问题的有效途径之一。

本书第一章为大学生就业综述，分别介绍了大学生就业与就业指导、大学生就业形势与就业政策、大学生就业市场与就业制度、大学生就业力的培养四个方面的内容；第二章为大学生就业准备与指导，主要介绍了三个方面的内容，依次是求职准备、简历与面试、劳动权益与维护；第三章为大学生创业综述，分别介绍了四个方面的内容，依次是大学生创业与自我认识、大学生创业现状与创业政策、大学生创业途径与流程、大学生创业模式及创业风险；第四章为大学生创业准备与指导，依次介绍了创业团队的组建与管理、创业项目的选择、创业计划书的撰写、创业营销的策略；第五章为大学生创新创业能力的培养研究，分别是创新思维与创新方法、大学生创新创业大赛概况、大学生创新创业教育课程构建、大学生创新创业能力培养策略四个方面的内容。

  在撰写本书的过程中，作者得到了许多专家学者的帮助和指导，参考了大量的学术文献，在此向有关专家学者表示真诚的感谢！限于作者水平有不足，加之时间仓促，本书难免存在一些疏漏，在此，恳请同行专家和读者朋友批评指正。

作者
2022 年 1 月

目 录

第一章 大学生就业综述 ... 1
第一节 大学生就业与就业指导 ... 1
第二节 大学生就业形势与就业政策 ... 9
第三节 大学生就业市场与就业制度 ... 19
第四节 大学生就业力的培养 ... 27

第二章 大学生就业准备与指导 ... 35
第一节 求职准备 ... 35
第二节 简历与面试 ... 45
第三节 劳动权益与维护 ... 72

第三章 大学生创业综述 ... 84
第一节 大学生创业与自我认识 ... 84
第二节 大学生创业现状与创业政策 ... 92
第三节 大学生创业途径与流程 ... 108
第四节 大学生创业模式及创业风险 ... 119

第四章 大学生创业准备与指导 ... 128
第一节 创业团队的组建与管理 ... 128
第二节 创业项目的选择 ... 135
第三节 创业计划书的撰写 ... 138
第四节 创业营销的策略 ... 142

第五章 大学生创新创业能力培养研究 ………………………………… 153
第一节 创新思维与创新方法 ………………………………………… 153
第二节 大学生创新创业大赛概况 …………………………………… 160
第三节 大学生创新创业教育课程构建 ……………………………… 164
第四节 大学生创新创业能力培养策略 ……………………………… 170

参考文献 ……………………………………………………………………… 179

第一章 大学生就业综述

当前经济形势下，大学生就业压力较大，因此本章将围绕大学生就业与就业指导、大学生就业形势与就业政策、大学生就业市场与就业制度、大学生就业力的培养具体展开论述。

第一节 大学生就业与就业指导

一、就业含义及特征

（一）就业的含义

就业是劳动者同生产资料相结合，从事经济和其他有益于社会的活动，并借以获取劳动报酬。通常理解为找工作、挣钱，但从劳动法的角度说，劳动就业的提法更规范准确。

劳动就业是指具有劳动能力的公民在法定劳动年龄内，依法从事某种有报酬或劳动收入的社会职业。它包含了四层含义：劳动者就业需具有劳动能力，包括劳动权利能力和劳动行为能力；达到法定劳动年龄，即年满16周岁；所从事的劳动是有报酬或劳动收入的职业，而不是义务劳动；这种劳动是得到社会承认的职业并且是合法的劳动。

根据国际劳工统计会议规定的通用标准，凡是在规定的年龄之上，具有下列情况的都算就业人员：正在工作中的人，包括在规定的时期内正在从事有报酬或收入的工作的人；有职业但是临时不工作的人，例如，由于疾病、事故、休假、旷工、劳动争议或因气候不良而临时停工的人；雇主和自营业人员。

在我国，只要是劳动者通过一定的组织形式实现同生产资料相结合，从事一种合法的社会劳动，取得一定的报酬或收入，都被视为实现了劳动就业。也就是说，就业者并不一定是到政府部门、事业单位或国有企业找到一份正式工作才算就业，只要合乎就业四个方面的含义，无论是在行政事业单位还是在国有企业、集体企业、私营企业就业，抑或是自谋职业、自主创造都属于就业。

我国的就业者主要包括：职工、再就业的离退休人员、私营业主、个体户、私营企业和个体从业人员、乡镇企业从业人员、农村从业人员、其他从业人员（其中包括现役军人）。

（二）就业的特征

（1）就业主体具有特定性。劳动就业的主体必须是具有劳动权利和劳动行为能力的公民。公民的劳动权利能力和劳动行为能力具有一致性，一般通过劳动年龄的规定来明确。各国劳动法律都对劳动者就业的最低年龄和最高年龄做了严格规定，只有在法律规定的年龄段内，劳动者才具备就业的条件，否则便不能就业。我国《劳动法》规定，年满16周岁的公民才具有劳动就业的资格。

（2）就业必须是出自公民的自愿，即公民在主观上具有求职的愿望。劳动就业是公民的一种权利，行使或者放弃这种权利，完全取决于公民自己的意愿，但是劳动者就业权利的实现必须主观上有求职的愿望。

（3）就业必须是一种能够为社会创造物质财富或有益于社会的劳动。劳动就业要求劳动者必须从事法律允许的有益于社会的社会劳动，这是劳动者的劳动是否得到社会承认和法律保护的客观依据。

（4）就业必须使劳动者能够获得一定的劳动报酬或者经营收入。首先，劳动就业的目的是通过劳动获得一定的物质权益；其次，劳动能够获得一定的报酬或经营收入，这是劳动者实现劳动力再生产的物质保障。

二、大学生就业难的原因分析

从经济学角度来分析，之所以出现大学生就业难，是因为劳动市场的供给和需求出现了失衡。试想，随着大众化教育的普及，劳动力供给量大大增加，再加上劳动力市场竞争又非常激烈，这样势必会出现劳动力数量上过剩，相应地，劳动力的福利待遇就有所下降。部分大学生就会怀有高不成、低不就的心理而导致失业。另外就是大众化教育所培养出的人才和社会经济结构不相匹配，这样就容易出现时间或空间上的结构性失调，即结构性失业。这种现象导致大学生找不到工作的情况比比皆是，例如：一方面，现代社会新兴的技术行业需要大量的高技术人才来投入工作，但事实情况是，这一行业的高技术人才却是不足和短缺的；另一方面，大学生不能满足这一技术行业的需求，只能面临着就业难这一现实。

若想解决大学生就业难这一实际问题，应从以下几方面进行剖析。

（一）结构性失衡

结构性失衡，是现实存在的，又是当前难以避免的。一是我国城乡二元结构、社会资源以及自然资源分布不均，久而久之城市之间、城乡之间经济发展速度、发展水平就会出现明显的差异。发展快的地区人才和劳动力的需求就会很大，当地的福利、社会保障体系就会相对高一些、完善一些，自然就会吸引更多的大学生；而那些发展较慢、条件有限的小型城市或不发达地区就会被冷落，就会出现人才紧缺的现象。二是高等教育和社会发展不相适应，社会发展速度加快，需要各式各样的人才，而大众教育却不能面对市场变化做出及时、有效的改革。三是众多高校之间无论是教学水平、硬件建设、师资力量还是学生素质都存在较大的差异，这种差异下所培养出的人才也会存有素质和技术上的不同。

（二）政府调控力度不够

首先鉴于统招政策的实施，政府将"过度教育"引向市场，致使教育与产业发展之间出现了不协调；其次就是政府本身出台的就业保障体系不够完善，关于人才就业的信息不全面，政府的调控力度不够，实际工作中没有很好地解决就业单位与高校大学生充分联系的问题，没有为大学生提供就业的平台，在很大程度上影响了大学生的及时就业。

（三）高校建设存在不足

高校的课程建设和学生学到的理论知识，与以后熟练应用于社会有着非常紧密的联系，然而高校普遍都存在重知识、重课本的教育理念，这一教育理念本无可厚非，但一旦脱离了有效的校外活动和社会实践，学生学到的知识就会缺乏用武之地；另外，高校课程设置除了遵循本专业需求之外，没有让学生及时去搞社会调研，去充分了解当今日益发达的信息社会下市场的需求。针对这一情况，高校应做出调整，努力突出专业课程"专"、专业教材"新"的特点，以更好地实践于现实，运用于社会。

（四）招聘需求存在片面性

用人单位招聘高校大学生，应该有一个比较全面的考察大学生综合素质和能力的评价体系，不能一味地崇尚高学历，尤其强调只招985、211，对普通高校的学生另眼相待。诚然，学历是考察学生的一方面，与此同时更应该去关注大学生的思想认识、道德品质和综合能力。此外，有的用人单位招聘时，还存有重男轻女的意识，同样条件，同样学历，却更加倾向于男学生。这些现实存在的招聘现象，势必抬高了大学生求职的门槛，同时也会错过优秀人才。

（五）高校大学生自身原因

高校大学生就业难有时还是自身原因，主要体现在两方面：一是不能正确地评估自己，对市场需求了解不够。通常情况下，他们都是怀揣雄心壮志，在对这个不满意、那个又不顺心的心理影响下，很难找到令自己满意的工作。二是大学生在大学学习期间，只满足于完成学业，并没有很好地注重个人综合素质的提升，又缺乏实践经验，仅凭"本本"知识，很难在岗位中立足，通常会和即得的工作失之交臂。

1. 综合分析能力欠缺

当前，大多数高校都极为重视学生的实践能力，要求其不仅要掌握丰富的理论知识，更要有丰富的实践经验。因此仅掌握理论知识是行不通的，所以在校期间，学生需要经常参加一些社会实践活动，接触社会。在社会实践过程中，学生可以了解社会发展形式，了解社会实际需求，这些都有利于其未来创业。但大学生由于刚刚接触社会，还无法准确把握市场走向和市场环境的变化，对行业发展预测的分析缺乏前瞻性与科学性，从而影响其创业的成功率。尤其是近几年，我国经济处在转型升级阶段，一些新兴产业快速发展，但是大部分高校大学生欠缺综合分析能力，并不能清楚地看到这一发展趋势，在选择就业创业方向时，找不到适合自己的发展道路。

2. 职业规划能力欠缺

大多数高校都极为重视学生的就业问题，但根据目前情况来看，很多高校虽开展了就业培训，但是却忽略了职业规划这一重要内容，有些高校开设了职业规划指导，但是内容却过于笼统、浅显，无法有效帮助学生提升职业规划能力。每个人的人生都需要规划，但是当前大多数高校大学生的职业规划并不清楚，其对自身优势、个性需求等并不了解，就业的随意性较大，缺乏对职业发展未来方向的规划，这会对大学生就业创业造成长远的消极影响。

（六）受亲情因素的影响

高校大学生就业，是一个家庭的头等大事，父母、亲戚甚至朋友都会献计献策，的确，他们都是为大学生的将来考虑，但他们的思维有时候难免会受传统观念的影响，而这种传统观念又会在一定程度上束缚学生的就业选择。这就致使许多大学生轻视工厂工作，家人托关系、找门路，帮助孩子去扣响机关单位的大门。殊不知，高校大学生思想已经成熟，他们懂得自己的实力，内心也有着自己的理想和抱负，若家人一味打着为孩子好的旗帜，忽略了孩子的感受，会增加他们择业的困惑和负担。

三、大学生就业的意义

就业是民生之本，是我们实现人生理想的重要手段，是我们创造幸福生活的源泉。就业不仅是一个重要的经济问题，也是一个重要的社会问题，事关社会能否安全运行和健康发展。高校大学生是国家的宝贵财富，做好高校大学生的就业工作，不仅直接关系到每一个高校大学生个人价值的实现，而且关系到亿万家庭的福祉。随着我国改革开放的深入和社会主义市场经济的不断发展，就业问题的社会意义日益凸显。

（一）获得经济来源

众所周知，个人的生存离不开衣食住行和学习，否则生命就无法维持，在社会上就无法生存。要生存，就必须通过劳动来获得生活资料。只有通过劳动，才能创造社会财富、创造经济效益，人们才会有经济来源。在现实生活中，人们的劳动、工作，必须通过就业来实现。

就社会而言，就业是缓解贫富差距、大面积消除贫困现象的有效途径。就业是就业者及其亲属基本生活费用的主要来源。对于绝大多数社会成员来说，获得一份稳定的工作就意味着拥有了一份比较稳定的收入，意味着自己及其亲属能够过上正常的生活。我国现阶段社会保障制度还处于逐步完善之中，社会成员的总体财富积累水平还不够高，依赖就业维持基本生活的程度较高，因此解决好就业问题的意义尤其重大。

（二）发挥自身才能

我们通过接受教育和培训获得的专业知识和技能，只有通过劳动才能得到检验，才能充分地发挥出来，使其服务于社会，为社会创造财富。同时，也只有在一定的劳动岗位上，自身的知识和技能才能得到锻炼和提高。

每个人都有自己的理想和梦想，职业为人们实现梦想提供了很好的平台，一个人将自己丰富的知识和技能运用到职业活动中，发挥特长，突出优势，创造效益，回报社会。这样，一方面实现了个人对社会、单位的归属感，同时也满足了个人对于归属、爱与尊重的需要。

（三）满足家庭物质需求

就业是一个家庭得以维系的重要因素。一个正常家庭，一旦父母失去了工作，很有可能因为经济基础削弱而变得不正常，从而对子女的社会化过程产生诸多不利影响。父母经济收入不足带来的物质保障不足，会直接影响子女身体的发育及受教育程度。

（四）为社会做出贡献

人们要实现自身的价值，就必须选择一份能发挥自己作用的工作；而当个人在工作岗位上施展才华的时候，也就为社会做出了贡献。但创造各种各样的财富不可能仅凭个人的力量，它需要通过许多就业者的劳动才能得以实现。所有就业者的劳动总和构成了社会总劳动，为社会创造各种各样的财富，满足人们生活消费的需要。因此，只有通过劳动，用自己的劳动成果和别人的相交换，才能既满足自己又满足别人，从而服务于社会，为社会做出贡献。

（五）促进经济和社会发展

正是人与人之间的相互交往和相互作用，才构成了全部的生活。人在一定岗位上工作，依法得到报酬，才能使社会活动得以实现，从而维持人的存在。如果就业率低，就会影响社会稳定，影响经济的发展。从这个意义上来看，就业是社会经济发展的助推器，是促进经济发展必不可少的条件。

（六）培养高素质人才

大学生就业是高校、社会、政府共同关心的大事，大学生就业状况最终会影响到整个社会的稳定和发展，进而为我国下一步整体发展战略储备高技能、高素质人才，促进就业对于构建和谐社会具有重大意义。

高校的根本使命是培养人才，而大学生充分就业是完成这一使命的重要的标志之一。高等教育承担着为建设小康社会培养高素质人才的重任，没有高等教育的持续发展，科教兴国战略就难以实现，全面建设小康社会就成为一句空话。

四、大学生就业指导的含义及内容

（一）大学生就业指导的含义

就业指导，是给要求就业的劳动者传递就业信息，做劳动者和用人单位沟通的桥梁。在我国，就业指导不仅包括广义的就业指导内容，还应包括就业政策导向以及与之相应的思想教育工作。大学生就业指导，是帮助大学生科学认识自我，科学认知职业环境，树立正确职业目标，高效管理求职活动；帮助大学生科学分析就业形势和就业政策，剖析大学生就业观念和就业心理，为大学生就业提供就业方法、法律服务，最终实现自己的职业梦想，完成个人与职业匹配的社会教育活动。

（二）大学生就业指导特点

1. 政策性与思想性

就业指导课程实施教学过程中，必须贯彻国家的就业方针、政策，积极为大学生就业提供助力，同时还须将就业指导与大学生世界观和人生价值观教育相融合，具有政策性和思想性。

2. 科学性与实用性

对就业形势的预测和把握要切合实际，有科学依据，切实帮助学生解决就业之需。

3. 专业性与顺延性

就业指导涉及就业心理咨询服务、生涯规划辅导、劳动权益法律保障等，具有很强的专业知识，就业指导要全程服务，既包括在校期间，还要延续到毕业之后。

（三）大学生就业指导的内容

大学生就业指导是一个教育过程，本质上属于思想教育的范畴，是学校教育的重要组成部分，具体内容如下。

（1）给予大学生职业意识、职业理想和职业道德教育。
（2）帮助大学生设计职业规划，引导职业生涯。
（3）帮助大学生了解宏观就业形势和时代使命，助力就业成功。
（4）帮助大学生转变就业观念，调适择业心态。
（5）使大学生获得就业信息，掌握求职技巧。
（6）全面提升大学生就业竞争力，做好求职准备。

五、大学生就业指导工作现状

（一）大学生就业指导工作中存在的问题

首先，对于大多数大学生来说，他们有一定的就业观念：追求高薪和丰厚的福利，更愿意留在北京、上海、广州等一线城市发展。这种就业观念导致二三线城市人才严重短缺，人才结构发展不平衡；另外，大学生刚出校园，自我估价高，对未来职业目标要求太高，无法正确估计自己的价值，对未来职业规划也不清楚。大学生自身的这些特殊因素也导致他们在择业和事业发展上的诸多困难。另外，一些大学生往往无法接受未来相对较差的工作生活环境，无法很好地适应工作生活环境所赋予的各种挑战，对工作生活缺乏热情。在这样的特殊情况下，大学生很容易频繁辞职跳槽，不利于他们的长期稳定健康发展。其次，高校往往未能及时落实大学生就业后期的市场跟进工作。高校就业指导教师主要工作是有效保障高校就业率，但其往往未能及时制定好长效工作机制，包括高校大学生毕业几年后的初查、跟踪、回访等。这将导致高校大学生后续工作的实施与高校相关专业人才培养目标的偏差，高校与用人企业的早期合作往往无法长期高效进行。

（二）大学生就业指导工作有效管理措施

1. 加强就业指导认知

在进行大学生就业指导的过程中，高校就业指导教师应不断加强对高校大学生就业指导的认识，使大学生在就业过程中充分实现自己的就业价值，把工作重点与自身的能力结合起来，只有这样，大学生才能充分实现自己的价值，找到与自己能力相匹配的工作。学校要做好教育宣传工作，不仅要充分调动大学生积极寻求工作的积极性，更重要的是要继续增强高校就业指导教师积极参与工作的意识，提高高校就业指导教师对就业指导工作的热情和责任，将高校就业指导教师的就业指导责任与大学生事业的健康发展联系起来。负责大学生就业指导的高校就业指导教师不仅要关注大学生的相关就业率，还要帮助大学生在如何寻求市场竞争力和工作服务质量等各方面进行足够的专业意识培养和各种指导工作。高校应结合高校就业指导教师自身和相关部门的绩效考核，提高相关人员的责任，严格遵循大学生就业服务的相关评价管理方法，结合大学生对就业的需求，以提高大学生的就业率和就业服务质量。

2. 建设就业指导队伍

在新的发展形势下，高校就业指导教师可以充分利用移动互联网、微信、手机账户等，搭建大学生就业指导信息平台。在这项工作的过程中，高校就业指导教师应该不断加强自身专业素质队伍的建设。同时，根据实际工作情况，高校就业指导教师应长期跟踪高校就业服务情况和高校大学生短期就业服务质量，帮助学校和用人单位不断提高大学生就业服务的满意度和程度，同时帮助高校更好地开展学校人才队伍建设和管理，实施人才培养计划，提高大学生就业服务水平。

3. 完善就业管理机制

高校应不断完善学生就业管理机制，在对大学生就业活动进行指导的过程中，高校就业指导教师应该根据广大学生的实际就业需求和就业服务的质量，对广大在校未正式就业的大学生给予专门的就业指导和专业培训。帮助大学生更好地掌握基本知识，提高其对知识的应用能力和专业技术水平，提高就业大学生的整体核心竞争力。同时，在指导大学生进行就业过程中，高校就业指导教师要辅助大学生提前做好专业的发展规划，提高大学生专业能力，进一步提高大学生就业竞争力。同时，学校也应该提前与社会组织开展一些小规模的就业活动，帮助大学生提前适应自己的职业，提升就业体验。

高校大学生参与就业教育和就业指导不仅会影响大学生未来的社会职业发展，还会对高校的社会声誉和企业影响力产生很大影响。高校应积极努力增加高校人力、物力、财力的合理投入，不断完善大学生就业教育和就业指导管理，实现高校与社会企业和社会各界的充分合作。为大学生就业提供良好的就业培训和就业指导服务，营造良好的就业教育和就业指导氛围，确保高校大学生充分发挥自身能力，推动我国企业在现代社会建设中实现其社会价值。

第二节 大学生就业形势与就业政策

一、大学生就业形势分析

（一）大学生就业形势

就业是民生之本，一直以来，我国坚持实施就业优先战略，始终保持就业形势持续稳定。新冠肺炎疫情发生以来，党和国家高度重视高校大学生就业工作，强调各级党委、政府和社会各界要切实做好高校大学生就业工作，采取有效措施，克服新冠肺炎疫情带来的不利影响，千方百计帮助高校大学生就业。在中共中央、国务院的正确领导下，各地各级党委、政府全力稳就业、保就业，就业总体形势逐步向好。

新冠肺炎疫情导致我国经济运行以及各行各业就业用工受阻。2020年就业开局低迷，形势更为严峻。人力资源和社会保障部的就业数据显示，2020年一季度全国城镇新增就业同比减少95万人，全国城镇调查失业率5.9%。此后，随着我国全面有效控制疫情，宏观调控推动经济复苏，相关部门超常规应对严峻的就业形势，就业领域逐步呈现积极态势，逐步平稳。人力资源和社会保障部相关就业数据显示，2020年9月我国城镇调查失业率5.4%，低于预期控制目标，就业形势稳中向好。

预计在今后一段时期内，我国就业形势将依然保持总体稳定、持续向好。一是随着多个国家多种新冠肺炎疫苗上市及稳定供应，全球疫情将进一步得到有效控制，经济有望加快复苏，国际市场需求有望持续回暖。我国进一步有力统筹疫情防控与经济社会发展，经济社会发展总体态势更加积极，对外贸易更加向好。而推动经济增长一直是解决就业的根本。二是随着新业态异军突起，新就业形态拓宽就业渠道的重要作用越来越凸显。习近平总书记指出，新冠肺炎疫情突如其来，"新就业形态"也是脱颖而出。近年来，依托网络数字平台的新就业形态逐渐主流化，新就业形态从业者已经成为我国灵活就业人员的主体，1亿灵活就业人员中大约有7800万新就业形态从业人员。2020年5月，人力资源和社会保障部启动了新就业形态技能提升和就业促进项目试点工作，相信新就业形态必是未来就业趋势。三是随着国家将"稳就业、保就业"摆在更加突出的位置，其政策支撑力度将进一步强化。疫情发生后，相关部门坚决超常规应对新冠肺炎疫情影响，制定出台多项政策文件和配套措施，在升学扩招、公务员和事业单位招录等方面提供便利，针对困难群体实施分类帮扶、精准施策。2020年中央经济工作会议强调，"扩大消费最根本的是促进就业，要完善职业技术教育体系，实现更加充分更高质量就业"。可见，在"十四五"时期，国家必将进一步建立健全就业优先政策体系，以实现更加充分更高质量就业目标。

（二）大学生就业面临挑战

当今世界正经历百年未有之大变局，不确定、不稳定因素增加，在当前和今后一个时期，我国高校大学生就业依然面临十分严峻的挑战。在宏观上，就业总量压力较大,"招人难"与"就业难"结构性矛盾突出、区域就业不平衡已是共识;在微观上,新冠肺炎疫情、国际贸易摩擦等多种因素也必将继续对我国就业总量及就业结构造成影响。高校大学生就业问题比以往更加需要关注与重视。

一是外部不稳定因素及疫情的负面影响将持续给就业总量增大压力。在今后一段时期内,全球经济增长仍将放缓、各行业消化疫情带来的冲击仍需一定时间,大型企业用人需求减少和用人标准提高、中小企业生存发展难度加大,使就业难度和失业风险增加,高校大学生等重点群体就业问题不容忽视。

二是"双届叠加"的新老矛盾导致高校大学生就业总量持续增加。据教育部、人力资源和社会保障部有关统计数据,2020届高校大学生人数为874万人,比前一届增加了40万人,而2021届高校大学生人数只增不减,首次突破900万人,达909万人。受疫情影响,2020届离校未就业高校大学生将与2021届高校大学生竞争就业岗位,形成叠加效应。同时,升学扩招、疫情导致留学回国学生激增等,也使高校大学生就业总量压力持续向后传导。

(三)大学生就业适宜策略

当前影响大学生就业的因素主要有三点:第一,应届大学生数量增加,带来不小的压力;第二,往届未就业学生与今年就业学生"叠加",减少了大学生们走入工作岗位和实习的机会,使大学生们感到焦虑;第三,受疫情影响企业复工复产延期,生产成本增加,对人才的需求减少,岗位减少,竞争力加大。面对如此就业环境,大学生们应当改变原有观念,建议做到如下几点。

1. 提高就业竞争力

随着我国大学生的增加,加上防疫相关措施的阻隔,大学生的就业面临困难。但是,于大学生而言,他们对于自己即将面临的就业环境并不清楚。就就业问题而言,大学生都想找一个高收入、高舒适度的工作。但结果是一部分人找到了高薪资的工作,大部分人却是有业不就或者是无业可就。这就与他们求职方法、求职意愿、自身能力有关,最重要的便是大学生自身的能力。能力越高,那么大学生就会更切合企业的需求进而就业,所以大学生们应当在这段时间内,努力提升自己的综合能力,实现就业。

2. 先就业再择业

因疫情影响,应届大学生未能及时返校开学是使大学生们感到焦虑的一个重要原因。毕业之后,他们将面临经济上和生活上的独立,要走进社会,独立生活,找寻一份合适的工作。但是对于没有工作经验的大学生们，这无疑是一件让他们感到困苦的一件事。他们不知道自己的能力范畴，不知道应当找寻什么样的工作。如果面临这样的情形，大学生们不妨选择先就业再择业。受当今疫情影响，招聘岗位减少是大学生们面对的压力，但选择先就业再择业，可以适当减轻疫情所带来的压力。其次先就业后择业是让大学生进入岗位工作一段时间，可以积累一定的经验。在这段时间内，他们可以充分了解相关事情，并寻找到一份适合自己的工作。

3. 转变就业观念

2020年的大学生与2019年大学生相比，就业观念有所变化，他们的想法逐渐转向为先考虑薪资福利其次是发展前景。追求薪资并没有错。但是有些人却盲目追求薪资高昂的工作岗位，绝不考虑低资行业。另外，还有些大学生只想去一线城市工作，其他二线、三线城市完全不考虑，甚至有些大学生只想往大公司走，看不上小公司。如今就业形势下的就业难度增加，更需要大学生们转变就业观念，找寻适合自己的工作，不盲目追求不切实际的工作岗位。不论任何岗位、任何地方、任何企业，喜欢才是获得精神上与财富上收益的前提。

4. 健全就业制度体系

我国已经建立了较为完整的就业制度体系，但面对前所未有的新形势，现行制度体系也面临一些新情况、新问题。为化解高校大学生就业"供需错位"结构性矛盾，建立健全制度体系是关键。

一是健全以市场需求为导向的人才培养结构调整机制。完善教育和人才培养培训体系，优化劳动力供给结构，提升劳动力供给质量。厘清产业结构调整、就业市场需求与高校专业优化设置的关系，引导高校根据市场需求优化专业设置，构建与经济高质量发展和产业转型升级相匹配的学科专业体系，逐步改变人才培养结构调整滞后于就业市场需求的现状。

二是建立全国统筹的就业平台。建立跨省劳动力就业信息和就业数据共享平台，加强全国范围内就业供给与需求分析和预测，提供分区域、分层次、分行业的就业供需清单，畅通岗位需求信息与就业求职信息的对接通道，打破岗位需求与就业求职信息孤岛，有效解决供需信息不畅、区域就业不平衡等问题。

三是健全大学生公平就业的监督机制。在现有机构设置基础上，搭建统一的监督反馈平台或设立专门的监督部门对大学生公平就业进行管理、监督和促进，有效抑制随意抬高用人标准的趋势和性别、学历歧视等就业不公平现象。

5. 加强就业指导教育

破解大学生就业难题的关键在于大学生自己，其中，树立科学的就业观是重中之重。树立科学的就业观需要一个过程，更需要政府、高校等多方形成合力，才能实现。

一是政府要进一步加强就业指导服务。一方面，多措并举加大就业方针政策的宣传力度，帮助大学生多渠道了解国家就业优先战略和就业社会环境。继续倡导劳动光荣理念，营造全社会尊重劳动、尊重各类岗位的社会环境，提高全社会对大学生就业创业的包容度，消除"大学生就业难"的社会焦虑现象。另一方面，扎实做好就业指导服务工作，认真研究新形势下的高校大学生就业观念，及时调整就业指导服务政策与工作方式，树立大学生就业先进典型，用榜样的力量帮助大学生树立科学的就业观。

二是高校要进一步加强就业指导教育。建立健全常态化的就业指导教育体系，进一步优化就业指导、职业生涯规划等课程，持续加强形势教育、思想政治教育、就业指导教育师资队伍建设等。

三是媒体、非营利性社会组织等社会力量要进一步关注高校大学生就业问题，在舆论导向、教育培训等方面发挥纽带作用，引导大学生主动了解就业环境与政策信息，帮助他们摆脱传统就业观的束缚。

6. 强化就业联动机制

面对前所未有的高校大学生就业形势，涉及就业工作的相关部门仍需强化就业联动机制，推动形成工作合力，进一步提高就业工作效率与质量。

一是加强统筹协调与资源整合。理顺高校大学生就业工作体制机制，教育、人力资源和社会保障等部门切实加强统筹协调，强化就业服务队伍建设，有效整合就业资金等资源，提高就业服务专业水平。

二是加强就业政策落实落地的监管力度。建立定期巡查督查和常态化通报制度，针对就业政策落实落地的"痛点""难点"持续督查督办，对落实不到位、整改不到位的予以通报追责，确保各项政策落地见效。

三是加强就业统计监测。充分发挥5G信息化技术优势，加大就业信息化建设力度，围绕高校大学生就业工作目标，构建国家层面的统计监测体系，建立全区域多层次、纵横交错、整合一致的工作体系，避免统计监测组织实施工作的碎片化。同时，探索建立适应数字经济时代的新就业形态统计监测指标，加强数据比对分析，为实施精准服务、提高工作效率与质量提供有力支撑。

7. 完善就业政策法规

新就业形态对未来就业的贡献是可以预见的。为构建新就业形态发展新格局，大力支持新就业形态发展，最重要的是尽快完善相关的法律法规、完善就业政策体系、积极培育有利于新就业形态发展的社会环境等。

一是尽快完善相关法律法规。在"十四五"时期，应从改革和完善劳动力市场制度体系的角度着手，建立分类调整的劳动标准，针对不同就业类型设立不同的劳动标准，尽快完善非标准劳动关系的劳动标准。

二是完善适应新就业形态特点的用工和社会保障体系。现行社会保障体系，特别是在社会保险制度设计方面，对非就业和新就业形态的社会保障政策，采取有效措施提高新就业形态从业人员的参保意愿，规范互联网各类平台用工的"责权利"，提高社会保险经办服务水平，适当降低新业态社会保险费率。

三是加强"新经济、新业态、新就业"等新理念的正面宣传，充分引导高校大学生通过互联网途径求职创业，充分引导社会各界加强对新就业形态的全方位研究，营造全社会支持新就业形态的良好环境。

二、大学生就业政策分析

（一）大学生就业政策的分类

1. 各省人才政策

近年来，各省为了吸引大学生就业，出台了一系列人才政策，有些省市相关部门带队，每年深入高校进行宣传宣讲，或者在当地举办引才宣讲招聘会，将最新政策传递给毕业生，以吸引人才到当地工作。在浙江省人才服务平台网上，可以快速了解各类人才相关政策，如最近发布的《浙江省关于进一步做好非全日制研究生就业工作的通知》，就是根据国家文件精神所做的地方性具体执行文本，为了将政策与操作密切连接在一起，网站上设计了企业柔性引才匹配系统、简历投递、大学生实习等入口，快速高效地为入浙工作的毕业生提供便利。随着粤港澳大湾区建设的展开，广东省随之制定发布了《粤港澳大湾区（内地）事业单位公开招聘港澳居民管理办法（试行）》，从广东省人才网上，可以轻松找到最新的省市政策，包括三支一扶、征兵、对博士生等特殊群体的政策和江门、湛江、东莞等市级引才政策。

此外，各省出台的大学生选调生政策，选取优秀毕业生到基层工作，是高素质公务员队伍的后备力量，有意从事公职人员的同学，可多关注各省组织部门发布的通知。

2. 城市落户政策

部分地区制定有明确的落户政策，其中以北京和上海两市最具代表性，户籍和购房购车及子女教育有一定的相关性，是毕业生比较关心的问题。北京的落户政策是以积分为基础的，积分指标主要包括稳定就业、稳定居住、教育背景、纳税、年龄、创新创业等九项指标。这种形式的落户政策是需要有在京工作和生活时长为背景的。

上海的落户政策中，除了类似于北京的积分类落户，还有很特殊的一项，即应届毕业生落户政策，这项政策通过毕业生学历、成绩、外语和计算机等级、所获奖项、入职单位的区域等给予不同的分数，当分数达到标准线后，即可申请上海户籍，此项政策，仅适用于应届毕业生，对毕业后想来上海工作的学生来说，无疑是个利好政策。

另外，如杭州、西安、深圳、成都等城市，也为应届毕业生提供了相对便捷的落户政策，这自然是吸引人才进入的有效方式。

3. 国家就业政策

国家政策根据时间长度可大致分为中长期（五年以上的）、三年期和当年期的（即当年度适用），一般在人力资源和社会保障部、教育部等网站上可找到。

近年来的国家级就业政策根据就业导向可大致分为服务国家战略、基层就业和创新创业三部分。其中服务国家战略，是指鼓励毕业生到重点行业、重点领域就业，为社会发展贡献力量；而基层就业则是引导学生到基层、城乡社区、基层医疗机构等就业，走在第一线，服务大众；创新创业是利用互联网等新产业的蓬勃发展，发现新机遇、把握新科技，用创业带动高校毕业生就业。

国家层面的政策多具指导和规范意义，具体操作层面则以各省市地方政策为准。下面具体论述大学生基层就业政策。

我国在高等教育大众化进程中，大学生就业政策的导向也发生着重大变化，大学生就业面临无业可就和有业不就的尴尬处境，特别是随着1999年高校的扩招，2003年高校扩招后的第一届大学生涌入就业市场，大学生就业体量显著增大，东部发达地区和城市人满为患，中西部艰苦地区和广大农村无人问津，就业工作面临总量压力和结构性矛盾并存的问题。在此情况下，国家开始调整大学生就业政策导向，党中央、国务院每年在做好普通高校大学生就业工作的意见和要求中，都鼓励大学生到西部、到基层就业，并给予相应的政策支持，充分发挥基层就业政策的"杠杆"作用。在党中央领导下，中国共产主义青年团中央委员会、教育部、人力资源和社会保障部、中共中央组织部等多个部委开始逐步推出鼓励大学生到基层、西部地区就业的一系列政策，各级地方政府围绕中央的精神和指示，也出台了相关的政策和办法。针对这一系列政策，目前来看实施效果明显、影响比较深远的是几大基层就业项目，包括大学生志愿服务西部计划、三支一扶计划、特岗教师计划、大学生村官计划和选调生政策。

（1）西部计划

"西部计划"全称为"大学生志愿服务西部计划"，指的是由中央财政给予支持，面向普通高校应届大学生或在读研究生，按照公开招募、自愿报名、组织选拔和集中派遣的方式，招募一定数量的志愿者到西部地区进行为期1~3年的基础教育、医疗卫生、服务三农、基层社会管理、扶贫等方面的志愿服务工作，服务期满后鼓励扎根基层，或者进行自主就业，国家在二次就业或者个人发展（如升学）等方面给予相应的政策支持。

（2）三支一扶计划

2006年2月中共中央组织部、人事部等八部门出台了《关于组织开展高校大学生到农村基层从事支教、支农、支医和扶贫工作的通知》，并决定实施"三支一扶"计划。该通知明确了"三支一扶"计划的指导思想、组织招募、服务期间的管理、服务期满的相关优惠政策和就业推荐以及工作要求等。《通知》也明确规定从2006年开始连续5年，每年招募2万名高校大学生到乡镇一级的相关单位从事为期2到3年的支教、支农、支医和扶贫工作。各地方政府也按照中央文件的精神和指示，从2006年开始实施"三支一扶"计划，并在组织实施的过程中对志愿者享受的有关优惠政策做了进一步完善和详细说明。截至2019年，"三支一扶"的规模达到2.7万人，2020年新冠病毒肺炎疫情爆发，在各行各业都比较困难的情境下，其规模达到了3.2万人，各地根据实际情况还作了相应补充，实际达到4万人，在特殊时期，这一类就业项目对于解决大学生的就业问题发挥出了重要作用。

（3）大学生村官计划

大学生村官是指到农村或者社区担任村党支部书记、村委会主任助理或其他村"两委"职务的具有本科以上学历的大学生，聘期一般为2—3年。2008年，中共中央组织部、教育部等印发《关于选聘高校大学生到村任职工作的意见（试行）的通知》，该通知决定从2008年开始在全国范围内开展大学生村官选聘工作，连续选聘5年，每年选聘2万名，意味着大学生村官工作开始全面推进。2009年中组部等部门又联合下发了《关于建立选聘高校大学生到村任职工作长效机制的意见》，明确要求建立大学生村官的定期选聘、管理培训、正常流动和配套保障等制度，推动大学生村官工作长期化和细致化，进一步改进农村基层干部队伍结构。

（4）特岗教师计划

"特岗教师计划"是为了充实农村义务教育学校师资队伍，促进义务教育均衡发展而产生，特岗教师一个聘期为3年，服务期内全部安排在农村学校任教，以农村初中学校为主同时兼顾小学。特岗教师计划从2006年刚开始实施的两年间，一共招募了5.9万人，范围覆盖400多个县，6000多所农村义务教育学校，特岗教师计划的实施对于改变农村义务教育阶段学校师资紧缺和教师结构分配不合理的现状起到重要作用。

（5）选调生计划

选调生是指各省委组织部门有计划地选调大学本科及以上品学兼优的应届大学生或者从具有基层服务经历且满足选调条件的往届大学生中招录，安排到基层工作，并将其作为党政领导干部后备人选和县级以上党政机关工作人员进行重点培养的群体。

2000年1月，中组部下发文件《关于进一步做好选调应届优秀大学大学生到基层培养锻炼工作的通知》，该文件充分肯定了选调生工作的意义，正式明确将选调生工作为一项干部培养制度，选调生工作的开展逐步走向规范化、制度化。至此，选调生政策在国家宏观指导下和各省市的具体落实中，得到不断创新、发展和完善。

4. 高校就业政策

各高校承担了大学生就业的第一线工作，多数高校都会根据本校的实际情况，制定促进就业的奖励政策。

据不完全统计，全国各普通高等院校平均制定三到五项就业促进政策，主要包括校级促就业政策、项目类就业政策和相关奖励政策。以华东师范大学为例，为帮助大学生树立正确的就业观念，引导毕业生到祖国最需要的地方建功立业，学校制定了《华东师范大学毕业生"服务贡献奖"奖励条例》，设立了毕业生"服务贡献奖"。

（二）大学生就业政策执行现状分析

2020年新冠肺炎疫情爆发，导致原本就岌岌可危的就业形势变得更差。在抗疫期间，几乎所有餐饮、零售等商家纷纷停产停业，尤其是中小型企业根本无法正常运行，很多都宣布倒闭，失业人员越来越多，就业市场中的竞争也越来越激烈，这对高校应届生施加了不小的就业压力。针对这一实际情况，党中央联合国务院提出了"六保六稳"措施，来应对经济形势的巨大变动，解决疫情期间的就业难题。同时，为保证高校大学生顺利找到工作，2020年，教育部发布了《关于应对新冠肺炎疫情做好2020届全国普通高等学校大学生就业创业工作的通知》等文件，为高校大学生就业问题提供了科学性指导与保障。

1. 地方政府层面

（1）引导大学生就业实习

就业实习可以在实践操作中审核考察大学生的岗位胜任能力，而且也有助于企业和学生之间相互了解。对于当地政府而言，应当将国家级、省级等促进大学生就业实习政策当作导向，确定主管单位、具体流程和经费来源等细节。以我国某个城市为例，其在落实就业政策环节，因报名人数不多直接放宽了条件，自2019年1月1日起，职业培训共同资助的范围由毕业之年与毕业两年内没有正式上岗的应用型本科高校大学生直接放宽到16~24岁的失业青年群体，还给予其就业与实习补贴。不仅如此，在实习过程中，实习生的人身意外伤害保险金也得到提高，实习完成之后，表现优异的见习生可直接留下。在宣传就业见习政策上，该城市主要是借助公共就业与人才服务中心，对就业见习岗位资料信息予以采集整合，之后统一发布在该城市的人才信息网、就业招聘网上，大大增强了就业宣传效果。

（2）鼓励大学生自主创业

为全面落实"大众创新"就业政策，各城市纷纷制定发布推动大学生自主创业的相关举措，为其创业提供了大力支持。不仅如此，市政府机构特意为毕业两年内的大学生提供了专业化、规范化、科学化的创业培训与指导，以及资金、创业基地等多方面的支持，如提高大学生个人贷款额度、给予创业大学生合理补贴等，为高校大学生创业与就业建设了优良环境。此外，邻近城市之间也建立了合作关系，通过现代信息化技术、互联网技术收集、掌握、传播就业政策信息，组织举办人才招聘交流会。部分城市还建立了大学生创业服务协会，创建了市级孵化基地。

（3）制定补贴政策支持大学生就业

近几年，我国地方政府部门要求当地企业单位大力引进高校大学生，同时为其提供适当的社会保险补贴、岗前培训补贴，主要是为了帮助当地高校应届生更好地就业。通过相关细则制度可知，就业资金被分成了两部分，其一是给予个人与企业的补贴,其二是给予公共就业服务能力建设的补助。这一举措将地方企业人才匮乏的问题进行了妥善解决,也促进了企业稳定长远发展。

2. 高校学生层面

(1) 就业政策的来源渠道

高校大学生普遍从网络渠道获取就业政策,而选择父母、教师、学校就业部门以及同学的人相对较少,这充分体现了新媒体、互联网等高新技术对大学生就业的作用。但是,要想深入了解大学生就业政策,最好还是咨询学校专职就业部门、教师等专业人士。

(2) 对就业政策的关注度

作为就业政策中的重点,大学生就业政策身负重任,比如,促使大学生更好就业、对人力资源进行合理利用、减轻大学生就业压力、促进国民经济稳定发展等。

第三节 大学生就业市场与就业制度

一、大学生就业市场概述

(一) 大学生就业市场的含义

一提起就业市场,很多人心中就浮现起当地人才市场或人头攒动的招聘会,感觉一种沉甸甸的压力。随着每年毕业生人数的增加,就业难度也日益加大。20世纪90年代大学生毕业时,各家公司抢着要人的情形已经成为历史。回到当下,我们从新闻媒体、家长、老师那里,不时听到就业市场这个词,然而细想起来,招聘会仅是就业市场外在呈现形式的一种。广义的就业市场,包含着就业个体与求职目标之间相互认知、匹配、互动的全过程,并有多种表现形式。所以就业市场并不是单纯为用人单位提供摊位和岗位的一个空间体,它具备更广泛更复杂的内部体系,接下来,我们对就业市场相关的几个要素一一进行分析探讨。

(二) 大学生就业市场的要素

1. 区域与市场

不同的地区由于规划建设不同,对人才的需求也是有明显不同的。对区域的划分方法有很多。首先,按照乡村、城镇及城市进行划分,乡村较大范围集中了农业、畜牧业、林业等第一类产业，城镇则多为第二产业中的加工制造业和第三产业中的基础服务业等，而城市则具有综合性，几乎涵盖了二、三产业的全类别，这种差异性必然会导致各地就业市场的不同。其次，以政治经济或地理所进行的划分，例如，我国的东中西部地区，欧洲的东西欧等，这些区域的经济特征，对就业市场的总量影响还是非常明显的。再次，按照城市等级进行划分，我们熟知的一二三线城市，其中北上广深四座城市称为一线城市，大多省会城市被划分为二线城市，大多高校教育资源集中在一二线城市，这必然会深刻影响当地及其辐射的周边就业市场，我们可以拿具有独特城市地理人文景观的重庆来看，当地有55所高校，其中2018年毕业人数约为22.16万人（数据来自《2018年重庆市普通高校毕业生就业状况白皮书》），留渝就业人数为14.3万人，与2017年同比约增加0.4万人，增长的趋势在近几年尤其明显，这跟重庆地域优势不断显现，继而带动了房地产、金融业等产业的发展，提供了更广阔的就业市场是分不开的。最后，当下的经济一体化区域，例如，粤港澳大湾区、长江经济带、京津冀城市群等，在资源整合、地区优势互补的基础上，会创造出大量的就业机会，特别是互联网、物流、高科技产业的迅速发展，对就业市场的完善和结构优化作用是非常明显的。

2. 行业与市场

行业与就业市场向来是密不可分的，市场是行业发展的基础，市场容量决定厂商规模。我们熟知的行业有教育、房地产、建筑、服装、零售等，每个行业下面又包括林林总总的商家和部门，我们要清楚的是行业发展有其自身的规律性，比如传统产业（行业），最典型的就是制造业、建筑业，与之相对的被称为新兴产业，像信息技术、生物技术或者新材料业都算作这一类。传统行业的特征使其能接收大量的劳动力资源，市场的吸纳量是可观的，但随着产业的升级，如建筑业中新材料的应用，制造业中互联网技术的加入，在提高产值的同时，对用人的需求也会发生变化，体现在就业市场，就是越来越多的大学生开始进入转型后的传统行业，部分代替了之前从事简单密集劳动的工人，新兴产业则带来更具技术含量及更多元广泛的就业市场。在选择行业时，需要具有宏观的认知，比如，教育行业，一直是就业的热门选项，我们熟知的教育多为线下，从业者也以师范生为主，但随着线上教育的开展，技术的更新，教育的形式变得丰富起来，教育行业所提供的岗位不再只是教师，互联网、新媒体等相关技术的进入，使教育行业的市场变得充盈起来，吸引了更丰富多样化的人才加入，这就是行业发展对就业市场的改变与扩充。

综述，行业的发展催生出新职业，新职业涌现对高校大学生就业市场存在以下影响。

（1）外部环境：新职业涌现改变了市场需求

随着科技水平提升，产业结构不断升级，分享经济和平台经济的发展，与经济高质量发展共生的新的消费需求，产生了很多新的就业形态，催生了很多新职业出现，职业的内涵也发生了很大变化，深刻改变了市场用人需求，给高校大学生就业市场带来改变。

①各类行业的用工需求发生变化

在新兴技术快速发展的背景下，传统意义上的第一产业和第二产业智能化水平不断提升，国内生产总值中第三产业比重逐年上升，原本的产业结构不断被打破，涌现出的新职业主要集中在服务业和新兴产业，这导致了各个行业的用工需求发生变化。比如，机器智能化发展使得原本流水线上的人工劳动被机器取代，很多手工业者随着时代的发展消失了；工业机器人在现代工业生产一线中大量使用，使得工业机器人系统操作员、运维员的需求量不断增大；无人机技术不断发展，在摄影、测绘和物流等领域发挥重要作用，甚至代替人类做很多高难险、有毒害工作。

②对劳动者综合素质的要求不断提升

新职业的涌现伴随着信息化技术的不断发展，从传统职业到新职业的演变中，职业活动内容发生了很大变化，比如物联网在办公、住宅等领域的广泛应用，信息化与现代制造业深度结合，农业经济合作组织迅速增多。我国的经济已由高速增长阶段转向高质量发展阶段，对劳动者素质和受教育水平都提出了新的要求。这种背景下不断涌现出的新职业，例如数字化管理师、建筑信息模型技术员、电子竞技运营师、农业技术支持、农业经理人等，都要求劳动者具有更高的知识水平、能力水平和综合素质，要不断更新自身知识结构，及时学习新知识新技术，适应信息化技术快速发展的需要。

（2）内部环境：新职业涌现影响着大学生的就业选择

①新职业涌现刺激大学生就业选择多元化

在市场经济不断发展、互联网日益便捷、生活水平逐步提高的环境下，新职业的涌现让95后、00后大学生看到了区别于传统职业的新就业方式，面对新职业提供的多种选择，很多大学生愿意突破原有思维禁锢，在职业选择中主动在尝试新行业中追求个人价值。一是新职业种类繁多、就业形式灵活，能够满足部分大学生不愿意朝九晚五上班的需求。二是新职业主要集中在服务业和新兴行业，给大学生提供了多种选择去发挥特长，充分把个人兴趣与职业选择结合起来。三是一些新职业的涌现，带动了越来越多的创意者和创业者，各类数字基础设施及数字平台也使得创业的准入门槛变低，促使很多大学生投身创新创业类新职业。四是比较成熟的新职业产生较好的经济效益和社会影响力，比如一批电子竞技运营师、互联网营销师等能通过劳动获得稳定的收入，帮助大学生坚定了对新职业发展前景的信心。

3. 专业与市场

对于求职者，特别是刚走出校门的大学生，所学专业和相关的实习经历是用人单位最为看重的地方。很多学生高考选择专业时，听过招生宣传上说某校某些专业是热门专业，就业很好的，也有些同学因为兴趣爱好，选择了所谓的冷门专业。当面临就业选择的时候，我们会发现热门专业并没有想象中那么好找工作，冷门专业也并没有那么难找工作。这种现象背后的原因是什么呢？我们可以透过就业市场的变化来寻求答案。一般来看，信息科学、金融学都是传统的热门专业，市场需求量比较大，各院校都会开出相关专业。但当大家完成学业，开始找工作时，有的同学会发现，随着全球经济的下滑，金融业的不稳定性加剧，工作变得难找起来。专业和市场的关系是相对的，市场无疑需要对口的专业，但经济等因素会造成就业市场的不稳定性，选择任何专业都是有风险的，只是某个时间段内，专业的热与冷是相对稳定的。无论选择了哪个专业，更应该注重专业知识的扎实与拓展，这样在面对市场变化时，方可以不变应万变，寻找到合适的岗位。

4. 毕业生与市场

最后，我们回到毕业生与就业市场，毕业生就像市场中的商品，企业有需求，就会花钱去去市场中买商品，如果商品质量好，那么出价就高；如果质量一般，就按正常价位买进。听起来，毕业生似乎在市场中很被动，是被挑选的那一方，实则不然，商品若是稀缺，即便是一个买家不多，价位也不会降低，每个企业都想把唯一的人才揽入自家。商品质量高，买家的竞争也会升级。作为大学生，今后的毕业生，我们该做些什么来提升自己的"价位"，在市场上占有优势呢？第一，仍然是提高自己的专业水平，提升综合素质，加强通用性技能学习；第二，明确自己想去哪里，对选择的地域城市有清晰的认知，既要兼顾家庭、朋友、生活习惯等因素，同时要对当地的发展潜力、经济活力有深入了解和走势预测；第三，选择行业时，除了和自己的专业能力、技能技巧有对应，也要对此行业的区位环境、发展趋势作合理的预判。以自身为出发点，结合区域、行业、专业及他们所对应的就业市场，我们基本就可以圈定自己的选择范围了。我们常说求职时，需要知己知彼方能百战不殆，对就业市场的充分认知和了解，无疑是我们就业求职时"知彼"的重要环节，有了这块基石，就离适合自己的职业又近了一步。

（三）大学生就业市场下拓宽就业渠道的策略

大学生在激烈的就业竞争中本身就没有优势，再加上受疫情影响，经济发展不景气，使学生面对的就业形势更加严峻。为适应这一社会环境的变化，高校负责学生就业指导的教师应灵活调整就业指导观念，引导学生树立正确的就业观念，拓宽学生的就业渠道。为此，需要做好以下几方面工作。

1.引导学生做好职业规划

所谓的职业规划，就是学生依据自己的兴趣爱好和专业方向进行系统和有效性的就业计划，这对于学生日后的发展与进步有重要的影响。然而，对于实际学习、生活中的大学生而言，他们因为自身素质的限制，往往缺乏自主和有效性规划职业的能力，导致自身职业定位不准确，就业目标过高或者过低，不仅影响职业规划有效性，还会阻碍专业技能的学习方向和效率。因此，指导学生做好职业规划对于学生今后的就业发展有重要的影响。另外，学校应该注重提升学生就业指导水平。随着社会经济的不断进步，当代大学生都面临着越来越大的就业压力，学校作为引导学生树立正确就业观念的重要引导者，应该切实落实和提升对学生的就业指导服务，以保障大学生的高就业率。具体而言，首先，学校应该随时代变迁，及时更新就业指导模式，在引入并接受新指导理念的基础上，提高理论就业指导思想，为就业指导的高效进展奠定思想基础；其次，高校就业指导教师应提高其专业性，时刻关注我国的就业形势，并切实了解和掌握各个行业的就业信息，向学生传递最新和最准确的行业就业形势，这对于学生对职业规划的及时调整有重要的影响；最后，高校需要根据实际就业形势建立相对完善的就业指导体系，针对每位学生开展差异性的就业指导和提出针对性的就业建议。

2.加强学生综合能力培养

随着经济的不断发展，社会对人才的要求也越来越高，为此，必须进行人才的全面综合性培养。为培养具有核心竞争力的综合性人才，高校就业指导教师除了要注重专业技能知识的传授外，还要增强对学生良好学习习惯与方法、人际交往能力、处理实际问题意识、社会实践等方面的培养，以提高学生适应社会的能力。

具体而言，学生除了学习专业理论知识和技能之外，还应该参与专业相关的培训或者考试，而且学生可以充分利用课余休息时间参与学校的社团活动，培养和锻炼自己的人际交往能力、语言沟通能力。另外，高校可以借助社会的力量，为学生尽量争取一些社会实践机会。

3. 开展就业指导课程

为切实提高学校的就业率，大部分高校都会开设与就业相关的技能课程，旨在提高学生的实际就业能力。其中具体的内容除了包含职业生涯规划、面试技巧等方面的知识与经验之外，还应该包括与专业相关的行业讲座，让学生拥有更多的选择空间。例如，可以组织学生开展就业的主题班会或者是辩论赛，让学生深刻了解和掌握就业的相关知识。另外，为培养学生掌握一些高效的面试技巧，就业指导教师可以组织学生进行定期的面试模拟，时间规定为10分钟，学生需要认真对待并回答教师设置的面试问题。这样不但能有效提高学生的面试技能，还能锻炼学生大脑灵活性和组织语言的能力，这对于学生核心竞争力的培养和提高都有重要的影响意义。

4. 适度降低择业标准

当前，我国的就业形势相对严峻，高校应向学生传达缩小择业范围、适度降低择业标准的观念，让学生先积累工作经验，再找与专业对口的工作，要培养学生把握就业机会的意识与能力。尤其是针对当前的就业市场，学生可以适度降低薪资标准，以提高自己的就业可能性。高校还应告诉学生就业也是一种学习途径，应该树立先就业后择业的就业观念。此外，学生还应该随着时代发展改变盲目追求大城市、高薪的工作，致使就业标准相对较高，影响实际能力的发展。为此，高校应加强对学生的思想政治教育，避免学生出现眼高手低的状况。

二、大学生就业制度概述

（一）大学生就业制度的历程

所谓就业制度，是指国家对人们合法取得就业岗位、维护社会就业行为的根本规定，是党和国家根据不同时期社会人才、人力供需状况及社会、经济、政治状况，为充分利用劳力、人才资源和实现供需平衡而确定的指导劳动就业工作的行为规范和工作标准体系。从宏观角度看，就业制度分为计划型和市场型两大类型。计划型就业制度是计划经济的重要组成部分，国家对人力资源采取计划管理，统包统配；市场型就业制度实行的是以人力资源市场为基础的自由择业、竞争上岗和合同化管理的用工制度。从微观角度看，就业制度是由一个个具体制度所构成的行为规范体系。

大学生就业制度作为我国就业制度的重要组成部分，从改革开放至今走过了以"双向选择、自主择业"为目标的改革、发展、完善之路，取得巨大成效也面临一些挑战。

改革开放至今，我国大学生就业制度经历了"双向选择、自主择业"的提出、确立和完善，大致分为初步酝酿、逐步实施、全面执行以及重点突破等四个阶段，完成了由"计划分配"向"双向选择"的过渡。

1978—1988年："双向选择、自主择业"初步酝酿阶段。

这一阶段的标志是于1985年出台的《中共中央关于教育体制改革的决定》，提出"要改革大学招生的计划制度和毕业生分配制度。改变高等学校全部按国家计划统一招生，毕业生全部由国家包下来分配的办法"，"实行在国家计划指导下，由本人选报志愿、学校推荐、用人单位择优录用的制度。"这份《决定》站在时代的高度，不仅分析了改革开放后一段时间教育发展的宏观形势，也为今后的大学生就业制度指明了方向。一方面，由于受到宏观政策的影响，大学生就业仍然延续"统包统分"的做法；另一方面，因为《决定》的出台而拉开了大学生"双向选择、自主择业"的序幕。受到计划经济时期的传统思维影响，也由于社会宏观环境的制约，"统包统分"在大学生就业中仍占据主导地位，"双向选择、自主择业"的就业制度仅处在初步酝酿阶段。

1989—1992年："双向选择、自主择业"逐步实施阶段。

随着经济体制改革的深化，由"统包统分"所带来的就业制度僵化、招聘制度单一等问题日益显现，已经很难适应社会主义市场经济的发展。1989年，国务院批转《国家教委关于改革高等学校毕业生分配制度的报告》，通过附件形式颁布了《高等学校毕业生分配制度改革方案》，提出高等学校毕业生分配制度改革的目标是：在国家就业方针、政策指导下，逐步实行毕业生自主择业，用人单位择优录用的"双向选择"制度，同时提出由于目前我国经济、文化、教育发展还很不平衡，国家可提供的毕业生数量在近期内还不能满足各方面的需要，社会上也还不完全具备公平竞争的环境，因此这项改革只能随同其他方面改革的展开而逐步实施。这一方案的出台，指明了大学生"双向选择、自主择业"的改革方向，促进了高校办学自主权和单位用人自主权，是"逐步实施阶段"的标志性事件。

1993—2001年："双向选择、自主择业"全面执行阶段。

1993年《中国教育改革和发展纲要》出台，标志着"双向选择、自主择业"进入全面执行阶段。1995年又出台了《关于1995年进行普通高等学校招生和毕业生就业制度改革的意见》，保障大学生就业"双向选择、自主择业"政策的全面执行。这一阶段出台的政策，一方面为转变以往的"统包统分"进一步统一思想，另一方面对全面执行"双向选择、自主择业"予以保障。自此，社会、高校及大学生不仅在认识上逐步认同并接受"双向选择、自主择业"的政策，还在行动上积极响应，为全面执行新时期就业制度积累经验。随着就业制度的发展和完善，"双向选择、自主择业"的政策不仅观念深入人心，还在全国范围内建成了比较完备的政策体系加以保障。国家层面制定的一系列鼓励"双向选择、自主择业"的措施取得明显效果，高校层面则逐步建立起符合本单位实际的就业服务体系，大学生往往从进校就围绕就业这一目标而努力。

2002年至今："双向选择、自主择业"重点突破阶段。

进入21世纪，我国出现了就业流向不均衡的现象，愿意并实际到基层就业的大学生远未达到基层需求，政府机关、事业单位、大型企业成为很多大学生就业的首选。更加均衡、合理地使用大学生人才，成为进入新世纪以来国家、社会、高校乃至大学生本人需要面对的问题。为此，2002年，国家出台了《关于进一步深化普通高等学校毕业生就业制度改革有关问题的意见》，鼓励并保障大学生到基层就业，这份《意见》不仅认识到大学生人才培养结构、人才就业流向和经济社会发展需求的矛盾，也指出要拓宽高校毕业生到基层就业的渠道，认为引导高校毕业生到基层、到中小企业就业是解决高校毕业生就业问题的主要途径。

（二）大学生就业制度下拓宽就业渠道的策略

1. 加强就业形势教育

高校应抓好辅导员队伍，充分利用好校友行业资源，全覆盖开展就业形势教育，帮助学生明确就业新形势，了解市场对高校大学生的需求变化，及时更新就业相关知识，要重点突出新职业发展的趋势和行业方向。另外，高校要针对不同专业学生的学习特点和就业方向，深入研究就业指导工作，以学生需求为导向，扎实做好与用人单位的工作对接，开展有针对性、有专业特色、有实效性的就业形势教育。此外，还要注重给学生提供就业形势的咨询服务，根据学生个体差异和具体问题，给予具有针对性的解答和建议。

2.更新就业指导课程内容

目前很多高校开设就业指导课程，以课堂教学为主，就业实践活动为辅，但是存在课堂教学内容与用人市场脱节滞后的问题。就业指导课程要及时更新知识结构和相关信息，密切跟踪职业领域的新发展和新变化，尤其是动态了解和掌握新职业发展情况。授课教师定期给学生介绍新情况和新知识，传递新职业的相关行业信息，对学生的问题及时解答，对有意愿的学生深入交流引导。要充分发挥校友育人的作用，邀请有丰富从业经验的校友担任"朋辈导师"，成立一支强有力的"朋辈导师服务团"，把主题讲座、企业参观、经验交流、模拟面试等多种形式纳入就业指导课程，通过优秀校友给学生精准掌握行业信息，帮助学生打破思维局限，不断拓宽视野。

3.提供学生个性化指导

高校应及时创新服务理念，不断优化服务方式，帮助学生做好职业生涯规划，提高分析指导就业的科学性，掌握并解读社会保障、灵活就业、自主创业扶持等相关政策。重视发挥"一对一"个性化指导的作用，通过个性化指导，充分了解掌握学生的专业领域、性格特点、兴趣特长等情况，鼓励每名学生充分认识并挖掘个人潜力，努力提升自己从事新职业的技能，把个人优势融入职业选择中。例如对于新兴职业有很大求职意愿的学生，可建立一人一档，重点引导这些学生的求职状态，鼓励他们用更加开放的心态接纳新用工方式，主动适应新职业的需求。

第四节 大学生就业力的培养

一、大学生就业力内涵及要素构成

（一）大学生就业力的含义

通过查阅文献可以发现，就业力的概念较早由西方国家提出，从employability转为中文释义"就业力"，就业力与我们常说的职业技能等概念仍有一定区分。就业力主要是指大学生在就业方面表现出的综合能力及自身现实条件，综合能力包括各个方面，如逻辑能力、言语能力、专业能力、个性态度等，自身条件包括学历、专业、性别、年龄等，就业力作为个人就业相关因素的核心组群，在就业过程中起着决定性作用，并且就业力不仅体现在就业过程中，还包括大学生日后职业发展情况。所以我们也得出概念：大学生就业力是其自身条件、个性特点、专业技能、自我管理技能及可通用就业能力等维度的统一表现，其在大学生求职过程中发挥重要作用，并对日后职业生涯规划有长期影响，是大学生提高职业满意度的关键。

（二）大学生就业力的构成要素

大学生就业力的构成要素主要有以下三方面。

1. 知识要求

要求学生具备专业基础知识。高校应充分发挥学科多而全的优点，加强多学科交叉培养以及"四层次七模块"的通识教育课程体系，培养大学生具备以专业知识为主的复合型知识结构。

2. 能力要求

要求学生具备在相关技术及管理领域的专业技术或专业管理的能力，即解决相关领域复杂问题的能力。

3. 素质要求

要求学生具备人文社会科学素养、国际视野、团队协作意识和创新创业精神。即培养学生具备适应社会发展的人文社会科学素养、国际视野和团队协作意识和创新创业精神。大学生就业力的提取依据就业力概念与专业培养目标进行梳理，同时参考职业生涯规划中的"冰山理论"和能力分类，根据不同能力特点分为五大类二十项（表1-4-1）。

表 1-4-1　大学生就业力分类

	特征	类别	能力列表
就业力	显性特征	知识	外语应用能力、计算机应用能力、人文社会科学素养
		专业技能	专业知识技能或学术素养、跨学科思考能力、国际视野、行业视野、实践及动手能力
	隐形特征	个性特质	思想道德品质、社会责任感、终身学习理念
		自我管理技能	环境适应能力、主动学习能力、管理与领导能力
		可迁移技能	语言表达能力、书面写作能力、团队合作能力、解决复杂问题的能力、数据和信息分析能力、创新意识和创新思维

二、大学生就业力培养存在的问题

（一）职业生涯规划发展不足

大学生对自身就业能力认识不够准确，职业规划能力欠缺，存在部分同学职业发展目标不清晰、职业选择不够理性，更多是看师兄师姐就业企业进行选择，选择范围过窄，影响人才分布。部分同学对入职后的职业生涯规划不够重视，缺乏创新与求变意识，职业发展后续乏力。

1. 学生自我认知存在问题

对于自身的能力、性格等方面的优劣势，绝大部分学生还是非常清楚的，高年级的学生相对于低年级的学生，更清楚自身的优劣势。这是因为高年级的学生通过职业生涯规划课的培训，加上自身的实践认知，对自我认知更加深刻。

在选择就业时，绝大部分学生认为发展空间和工作的稳定性最重要，其次是薪水的高低和个人的兴趣爱好，说明学生的择业价值观更趋于理性。

2. 学生职业认知存在问题

大部分学生对于专业和择业之间的认识趋于合理化。一部分学生对自己大学毕业后将要从事的职业非常清楚，其余的不太清楚或者不知道怎么办，说明部分大学生没有进行合理的职业定位。

在毕业前，对目前的就业形势和自己未来就业的前景，大学生认为就业压力较大，担心找不到工作，对于这部分学生应及时做心理疏导。还有部分大学生没有结合自身情况和市场标准就盲目择业，导致找不到合适的工作，这部分学生就需要加强自我认知和环境认知，进一步探索任职匹配。

3. 学生职业生涯规划存在问题

目前大学生对于职业生涯规划分为：一是有非常清晰的远期目标（人生奋斗方向）、中期目标（人生职业规划）、短期目标（3~5年的阶段性目标）；二是有比较清晰的短期目标，但没有做长期规划；三是还没有考虑清楚职业方向；四是想做职业生涯规划但不知如何入手；五是从来没有想过职业生涯规划。没有认真考虑或进行职业生涯规划的学生占到了一半以上。对于自己未来3~5年的学习工作的计划不太清楚或没想过，说明这部分学生的学习生活存在较大的盲目性，而没有根据自己的目标制订计划，可能直接导致学习问题和后续就业问题。

以上情况说明，学生的职业生涯规划意识比较淡薄，大多数学生没有真正做出生涯规划，也不能根据现实的变化进行职业生涯规划的评估和修正。大部分学生明白职业生涯规划对于就业力提升非常重要，只有极少数学生认为不重要，说明大部分学生对于职业生涯规划的重要性有比较清晰的认知，但具体到实际行动中，还存在较大的问题。

（二）培养力度有待加强

有部分学生就业力较低，存在能力培养的短板。此部分能力包括：书面写作能力、外语应用能力、语言表达能力与国际视野。这部分就业力不同于专业知识与技能的培养，在培养过程中重视不够，大学生在学习时，重专业课轻通用技能，实用主义倾向严重，学生存在能力结构不合理，部分就业力培养力度有待加强。

（三）社会需求对接有待提高

大学生就业力培养过程中，教学要结合学科前沿和实际，与社会需求对接；加强专业基础知识教学，同时拓宽知识面。在大学生就业力培养过程中，高校因培养计划修订等客观原因，教学内容调整与社会需求衔接不够密切，无法做到及时调整，第一时间跟进社会发展需要。同时在专业知识教学过程中，形式较为单一，拓展开展的其他学术活动不能有效吸引学生们参加。在实践过程中，培养方式仍需与时俱进，引导学生走入先进企业和生产一线。

（四）第二课堂育人作用有待提升

第二课堂是学生在校教育的重要部分，应注重强化专业实践教学环节、培养实践动手能力。作为国家未来发展的储备人才，学生的实践能力是学生就业力培养的重要目标要求。目前高校在第二课堂设计与学生参与度上存在可提升空间。学校第二课堂活动繁多，但对于学生能力培养较为分散，创新实践能力没有集中设计统筹安排，存在创新实践活动不充分、时间短、知识浅等问题。

三、提升大学生就业力的策略

（一）拓展学生知识技能

虽然目前各高校的课程规划中，不少学校直接将跨领域的课程纳入必修课程，也有学校开放了学分数，鼓励学生修读跨领域课程。但就比重而言，主修课程的学分数仍占绝大多数，仅少数选修课程中出现跨领域课程。

跨领域课程的修读有助于拓展学生知识与技能；且学生在吸收不同领域的知识，并将这些知识内化成自身拥有的知识过程中，除了有助于提升学生对不同内涵知识的吸收力外，更能提高学生的适应力和弹性。

另外大学生在校学习期间，除了被动地接受学校所规划的课程内容，认真接受课堂上教授所教导的课程内容和教科书记载知识的外，更应该主动地善用学校的资源，进行跨领域的学习，在专业领域技能的操作上累积经验，借此机会将所学的理论性知识灵活运用于实务上，从中了解相关专业领域已发展的现况和未来发展展望，更可由此明白自身所不足和应加强的理论内容。以拓展自我能力，并借此培养自身第二专长领域，继而提升自己日后进入职场上的竞争力。

除此之外，建议大学生能在读书之余多多接触社会，在不影响学习的前提下，透过工读机会增进其他领域工作经验、了解社会趋势的变化，并随着社会趋势充实自我，以避免自身工作经验过于狭隘和无法跟上时代演变的情况发生。

（二）增进学生团队组织相关能力

在大学生就业力培养过程中，组织能力不受重视。组织能力之所以重要，在于其强调团队合作的能力，领导力和团队向心力都是团队合作中所强调的。培育学生具有领导能力，有助于集体目标绩效的实现。领导力，不单只是领导别人，更重要的是被别人领导的配合力。但不论是领导或被领导，对于团队组织内都是十分重要的。再者，领导力与团队向心力是息息相通的，懂得服从领导者或是让他人服从自己的领导，才有助于提升团队的向心力。

另外，职场上，不少职业的工作是以团队合作为主轴，强调分工合作和向心力。因此可知，培育学生拥有团队组织相关的就业技能极为重要。而提升学生的团队组织能力，可在实践学习课程时进行，让学生通过分组完成课程内容要求的方式，增进团队合作能力和沟通技能，并可累积工作实务经验。

（三）建立就业力培养体系

个人就业力提升是系统工作，同时也是完成人职匹配的基础条件，个人就业力提升程度决定可以选择工作的广度。在就业力提升方面，立足各项能力，主攻弱项。首先，加强可迁移技能培养，在授课过程中，教师可以设计不同教学环节增加与学生互动，给学生更多展示环节，在课程中融入语言表达能力、外语应用能力等模块，将专业知识讲授与学生可迁移技能相结合，与时俱进增强课程思政育人的功能。其次，加强专业技能培养，尤其是加强实践教学环节，在课程师资队伍建设过程中引入校外企业导师，推动教师队伍向社会服务、实践教学等多元化转化。最后，在学生就业力培养过程中建立评估机制，将学生毕业要求在入校时告知同学，并进行就业力摸底，在不同年级进行跟踪调研，并及时反馈给学生，让学生及时了解自身能力发展情况，及时修正个人发展路径。

（四）加强校企需求之间的配合

要想实现自我和外部环境的最佳匹配，需要自我在能力和期待上与外部世界在要求和回馈之间实现双满意。在就业力培养路径中，工作是需要重点关注的部分。首先，建立就业力社会反馈机制，将就业力需求提高维度定期向用人单位进行调研，在人才培养中考虑用人单位需求。其次，用人单位应积极参与学院教育教学工作，提供实习岗位、实践机会等，让学生通过亲身体验了解企业需求，对自身能力提高进行合理规划。最后，用人单位需对学生生存需要与发展需要进行分析，与时俱进，随着"00后"学生全面进入大学生活，具有新特征新特点的学生对于工作期待已经发生较大变化，企业需要积极调整招聘方式及对职业生涯的发展规划，帮助学生树立正确的职业发展规划目标，并保证岗位需求与学生需求之间的匹配。

在与社会关联方面，高校应增加人才输出意识，从社会需求角度出发培养学生。通过对市场进行调研，研究社会的人才需求，加大实用型和创新型人才的培养，引导学生利用新媒体等手段充分挖掘可用资源和媒介，学活知识、用活知识，推动学习成效成果转化，提升创新力，为社会输出创新型与实践型共存的"双型"人才。寻求政府的政策支持，积极联系用人单位和人才市场，与相关企业建立合作关系，为学生提供对口"实习"基地，增加更多就业机会。创新创业实践能力是学生就业能力的重要内容，在帮助学生建立与社会关联的过程中，高校应开展创新创业课程，通过理论与实践的结合，使学生在就业实践中寻找机会，得到实践锻炼，促进就业力的提升。

（五）融合第二课堂与教学课堂

对于学生就业力培养，不能局限于课堂上的专业知识，应建立丰富的第二课堂，通过社团活动、文艺赛事、知识竞赛、志愿服务等，为同学们实践能力地培养提供有力补充。通过第二课堂活动的设计，有针对性地提高学生实践动手能力与创新思维能力，尤其对于激发学生专业兴趣有较大作用。通过高校加强创新创业教育，鼓励引导同学们参与多项科技竞赛，将课上所学充分应用到实践中来。在学生就业力培养过程中，应形成专业课堂与第二课堂共同促进的教学模式，明确第二课堂培养目标，细化第二课堂内容安排，并将第二课堂考核纳入学生培养计划，加大对第二课堂的教育扶持力度。

（六）加强职业规划能力培养

人职匹配是动态过程，贯穿个人职业生涯。在社会发展过程中，职业需求人才与个人需求和技能都处在不断变化中，掌握自主的职业规划能力是对就业力培养的有力补充，此项能力的加强有助于就业力的持续培养提高。首先，加强对自我的认知，自我认知是职业能力指导的基础，影响职业选择和职业发展，在校期间通过加强职业生涯教育，利用职业生涯规划课程、讲座等不同形式，掌握自我探索的方法，如生涯彩虹图、霍兰德职业兴趣代码、生涯人物访谈等。其次，加强职业规划指导服务。学院中建立职业咨询师制度，为学生提供个性化服务，学生在校过程中，帮其完成未来职业发展方向的规划。在学生毕业之后，随时保持良性互动与沟通，了解就业力发展状况并帮助大学生及时调整职业发展目标，让学生在职业探索过程中明确自己的优势与兴趣，并及时认识到自身不足，可以运用生涯规划相关理论来指导求职和自身职业发展。

1. 提升专业情感联结

情感承诺和理想承诺能够使大学生热爱专业，并对通过所学专业实现理想和抱负充满自信。大学生应客观认识和评价自己，并且采取积极行动提升专业承诺，实现顺利就业。要客观评价自己，深入了解所学专业，找到个人能力特质、性格特征和专业的契合点，积极培养勇敢乐观、信念坚定、自律自省的积极心理品质，提高道德素质，强化法治精神，培养吃苦耐劳的精神，从认知、情绪、行为等方面提升自己的学习心理、学习兴趣和学习投入度，增强学习成效，形成积极的职业价值观和专业承诺，确定职业规范和就业选择，提高个人就业适应性。专业承诺对大学生的就业力的影响还体现在学生继续承诺和理想承诺的双提升，学生对所学专业产生情感联结，愿意接受专业的规范和保持持续学习的意愿，通过专业学习和专业锻炼掌握所学专业的知识和能力，强化专业提升和专业建设，推动理论与实践的结合。

2. 加强就业联结

如今大学生的职业价值观更加务实，过多关注薪资待遇、工作环境等显性因素，但往往忽略行业的未来发展、发展空间、就业竞争机会等隐性条件对个人职业长远发展的重要影响。因此，高校在职业生涯规划的教育环节，应将更多课时向职业的解读和分析方面倾斜，引导学生用动态的、全面的视角解读职业。通过职业生涯学习和规划，让学生确定清晰的职业定位，通过政策宣讲，为学生提供有利的就业条件，尽早接触专业实习工作，增加学生求职砝码。任务驱动教学对就业力的提升有很强的支撑,将任务驱动教学运用于心理健康教育、职业生涯规划教育中,帮助学生树立正确的价值目标与感情目标,培养积极正向的职业价值观。高校还可以在专业设置上更多地考虑学生的专业承诺,结合社会需求和学校发展情况,进行专业优化,从持续承诺和规范承诺出发,使学生在对所学专业有清晰认识的基础上,加深对专业的认同感。

第二章 大学生就业准备与指导

大学生毕业后面临就业这一问题，部分学生一筹莫展。本章围绕大学生就业准备与指导展开论述，具体介绍了大学生求职准备、简历与面试、劳动权益与维护三方面的内容，帮助大学生更好就业。

第一节 求职准备

大学生进行求职准备前，就业信息的获取至关重要，下面具体谈一谈就业信息方面的内容。

何为就业信息，就业信息就是指就业过程中和职业、工作、岗位相关的一切内容及其载体。就业信息是大学生求职过程中最具价值的内容。当下，大多数大学生获得的就业信息来自网站，但信息繁复多样，且一些用人单位在发布内容上，缺乏规范和细节处理，也造成了获取和甄别的困难。在我们求职过程中如何能够通过不同的渠道获得尽量丰富且有针对性的信息，并能甄别内容上的真假呢？我们需要了解各种信息获取渠道及其优劣势，就业信息要具备的核心内容，以及辅助鉴别信息的方式和手段。

一、就业信息的获取

（一）口耳相传

我们最传统的信息获取手段，便是口耳相传。当今时代，大学生求职基本形态是用电脑搜索，提交简历，然后等待回复。但不能忽略的是，有些工作机会，最初是通过口耳相传的模式获得的。比如我们的家人亲戚、老师同学有认识的朋友，正好需要招人，有些同学觉得这种信息不靠谱，其实我们可以区分来看，首先要看介绍人的信息来源是否可靠，其次是信息本身的完整性，如公司或单位名称、职位信息、联系人和联系方式等，如果这些信息是完整的，那么它是具备一定的可靠性的。当然，很多时候这些信息是可以在网站找到的，但若有熟人介绍引荐，就类似于大公司招聘中的内推，会跳过网投阶段的初筛，更快进入到下一个阶段。特别提醒大家要运用好周围的资源，只有多向外传达自己找工作的想法和目标，才有可能获得潜在的机会，这和信息的本质是一样的，传递和交换才使得信息变得有价值。对于寻找实习的同学，通过口耳相传方式获得机会，相比其他途径，成本低，且更具针对性，因为公司招聘实习生，并不希望付出太多招聘成本，且公司不一定要留用实习生，这种情况下若有学兄学姐或其他熟人介绍，既能很快了解工作内容，也能节约寻找时间，甚至不需要复杂的考核，可以更快进入岗位实习，可谓一举两得的好方式。不过口耳相传的方式具有的局限性也是很明显的，例如，合适的岗位匹配概率较低；因为人情因素，不好拒绝不喜欢的职位；信息传递过程中会产生信息的流失和失真。通过口耳相传获得的信息，需要更加谨慎对待，并辅助其他信息形式加以验证。

（二）纸质媒介

另一种获得就业信息的传统方式是通过纸质媒介获取信息，我们看到的报刊、传单、海报等印刷物，都属于这一类。曾经的就业市场，都是依赖贴海报来呈现就业信息的，现今，我们在招聘会和宣讲会现场，仍能广泛看到纸类招聘广告，特别是在教育类和中小企业招聘时，有的是因为岗位需求量不大，有的是因为具有很强的专业性，直接印制成海报或传单，也是节约成本的一种方式。和网络媒介相比，纸质媒介传播时效和密度的确不如网络信息，但在特定场所，它的作用仍是不可替代的。我们在看纸质招聘信息时，第一是看目标企业，第二是看职位中的关键词，如果两者匹配，那么投递简历的命中率也会提升。除此之外，还有工作地点、薪酬待遇等，不过这些信息可以通过面谈进一步获得，纸质信息承载量有限，关键是要锁定和自身匹配的信息，精准投递，获得面试机会。

（三）网络媒介

线上招聘无疑是当下最普遍、方便的信息获取渠道，我们似乎很熟悉网络信息的获取，但对于就业信息的获得及甄别，还是需要注意以下几点。

（1）上什么网站。招聘网站归纳起来大概四类：招聘类中介公司、用人单位官网、高校就业网、各级政府下属人才招聘类网站。第一类就是我们熟知的前程无忧、智联招聘等；第二类包括各企事业单位的校招网或其官网的校招栏目；第三类就是高校就业信息网；第四类是指各市、各县、各区设置的人才招聘网或者是区域联合的招聘组织。四类网站的招聘信息都是经过审核后发布的，安全性上具有保障，内容上各有所长，例如，高校就业网信息多和本校专业对口性高，而政府下辖的招聘网，则有地域的特点，如果想去某市工作，多上此类网站寻找信息，收获会更大。

（2）如何检索。找到了网站，该如何检索呢？最方便直接的检索要素就是职位，所以，一定要明确自己的求职岗位名称是什么，如同论文的关键词，只要抓住这一点，检索出来的信息才会准确。其次可以通过区域、行业、待遇等信息作排除法，留下的基本就是可以投简历的单位。

（3）如何验真。下一步要进行二次验真，上规范的网站，资格验真已经由网络帮大家做了，所谓二次验真，就是通过检索公司名称，查看提供岗位的详细描述，判断公司的规模和发展，推测设置岗位的合理性，排除是否只是为了做广告宣传等可能性，圈定和自己最为匹配的招聘信息。

（4）如何投递。这一步就是把准备好的简历按照要求上传或发送到指定邮箱，其间可以多了解投递单位的信息，为下一阶段的进展做好准备。

二、就业信息的筛选

我们大致把岗位信息分为三类，分别是公职机关、事业单位（含教育单位），大型国企和私企、中小企业，等等。针对每一类别的单位，寻找信息的进入口非常关键。最方便快捷的就是找到第一手信息的网站。公职机关招聘一般是在公招网站发布信息，例如，如果是地市级的单位，则是找当地的人社局、组织部等官网。而近年来比较受关注的国家项目类就业，则有自己的招聘渠道，一般来说，事业单位招聘可以参考公职机关招聘信息获取方式，其中教育单位的招聘大多是通过区县教育局统一进行的，也有部分是学校自行组织，或者是两者相结合，学校组织面试，最后教育局组织笔试考试。大型企业一般都有自己的招聘网站，就是我们常说的网申，为了提高海选的效率，企业多会设置内推通道，这个时候，就需要大家在网申的同时，多留心认识的学长学姐、校友或就业中心的老师、辅导员有内推通道，或许有机会获得内推，加大进入面试的机会。此外，大的企业在秋招结束后，会有一些名额的空缺，如果同学在秋招没有拿到合适的 offer，依然可以关注春招或补招，也是很好的机会。最后一类是中小型的企业，他们会依托中介网站、专业对口的学校网站、自家的微信公众号等渠道进行招聘，求职范围较广的同学，需要多关注这些信息，对于有定制功能的网站，可以提前设置好自己的目标岗位，进行精准推送，避免被过多的信息湮没。

就业信息类别繁复，信息中隐藏的陷阱也不少，大学生在求职季，总体状态比较焦虑，通过简历投递等方式，个人信息也会不知不觉地泄露出去，这里一定要提醒大家，除了对信息的合适与不合适进行筛选，更重要的是对信息的真假进行甄别。例如，事业单位、教师岗位的招聘，如果收到来源不明的短信或邮件，要求点击链接缴考试费，那么一定要警惕，这种大多是骗人的。还要注意招聘信息留的邮箱地址，一般大的企业单位，邮箱基本是企业招聘邮箱，名称比较规范，如果遇到随意的数字字母组成的私人邮箱地址，大家要有所警惕，可以搜索招聘信息内容，看是否有邮箱被偷换的可能。另外大家要注意实习招聘和就业招聘的区别，有些实习是不予留用的，可能公司不会明确标注，这种情况还需进一步去核实再决定是否投递。谨慎选择、准确匹配、充分准备，做到这些，相信大家一定能在就业市场中找到合适的岗位。

三、就业信息获取中存在的问题

（一）信息搜寻水平较低

大学生的就业信息获取能力存在显著差异。总体而言，大四的学生就业信息搜寻水平比低年级学生更强。

论对就业信息获取能力的主动性和灵敏度，有的大学生表示当自己遇到陌生就业信息时，愿意主动了解相关信息。但灵敏度还不够，大部分学生只是通过百度等通用搜索引擎了解基本信息，而不是在很多方面进行深入了解和比较，在获取就业信息方面有很大的漏洞。

论对本高校就业信息网的了解程度，首先学生对高校就业信息网关注度较低，甚至从未听说高校就业信息网；其次密切关注本校就业招聘信息平台的学生人数更少，学生对校园就业信息网站使用频率普遍不高，校园就业信息网站在学生中普及率有待提高。

尽管当代大学生中不乏应用技术的佼佼者，但信息素养却相当匮乏。在搜索方面，大多数学生仍然只使用搜索引擎搜索网页，甚至不知道关键字的设置会对搜索结果产生很大的影响。相关的信息检索实践少，对信息准确性、全面性要求普遍不高。

（二）就业信息意识缺乏

大学生在就业信息和就业认识上普遍存在以下问题：一是就业方向模糊、缺乏职业生涯规划，却又不愿意增强自我意识、提前做好准备工作；二是缺乏紧张感、对当前就业形势了解甚少，认为学校为了应届生就业率自有安排；三是信息甄别能力薄弱，在当下大数据环境下就业信息环境鱼龙混杂，没有经过专门的信息检索培训的大学生对此真假难辨。

（三）高校就业服务有待提升

目前，有相当一部分学生还停留在只知道有就业指导这个部门，而未曾具体了解过，更没有主动登录就业信息服务网站浏览信息。通过对高校就业信息网的了解，我们可以看到在网站建设中还存在以下问题。

（1）网站提供了大量的就业招聘需求信息，但未进行分门别类，没有针对性，只是简单照搬用人单位的信息，也并未提供检索功能。

（2）很多高校就业网站深度服务薄弱，缺乏对隐形就业市场的分析，表现在市场供求趋势、薪酬水平、相关人事制度变化等方面，咨询服务也十分有限。

（3）网站设计缺乏特色，不善于提高就业网站页面的知名度。

四、提高大学生就业信息获取成效的建议

（一）提高就业信息获取意识和水平

开展校友就业经验分享会，分享就业信息以及如何更好地获取就业信息。辅导员、副班主任多呼吁、引导学生注重就业信息积累，及早做好职业生涯规划。开办信息素养讲座、注重实践（如：举办信息检索大赛），培养大学生学会信息检索的方法、增强对虚假信息的防范意识、提升对就业信息真实性的判断力。大学生自身要更新观念、解放思想。特别是面对疫情，大学生会有不同程度地恐慌、恐惧、焦虑不安等心理反应。开展学生就业咨询与指导，向学生介绍制作简历和面试技巧，培养其就业意识、提高求职技能。结合市场需求和学生意愿，引导学生择业。组织学生参加社会实践、认识实习，走访了解学生的专业特点和社会对大学生素质的要求。创新驱动教学方法多元化，加强思想政治、职业道德教育。

（二）利用高校图书馆采集相关信息

1. 对招聘信息的采集

网络上各种信息十分丰富，其中包括一些就业相关的信息，比如前程无忧以及智联招聘平台上发布的大量招聘信息。针对这些平台上发布的招聘信息，高校的图书馆可以充分地发挥自身信息采集的优势，对这些信息进行收集、整合，将整合后的内容推送给学生，以期能够帮助学生更好地就业。

2. 对学习信息的采集

图书馆的职能是更好地开发智力资源以及社会教育，而高校的图书馆是学生们开展学习和研究活动的场所，这里具有非常丰富的资源，从这一方面而言，大学生可以充分地利用图书馆中的信息资源学习和提高技能。作为高校学术科研单位的高校图书馆，一直非常重视对学习信息的采集。高校图书馆每年需要花费大量的资金购买各个专业的相关文献资料。在当前阶段，随着社会就业压力越来越大，相关企业对员工的招聘也变得越来越谨慎，他们对员工的专业技能提出更高的要求，在很大程度上导致大学生对学习新知识和新技能产生热情，进而导致学生对图书馆相关文献的需求量变大。因此，高校图书馆要充分地了解学生的实际需求，并以此为基础对图书馆中的文献资料进行调整，尽最大可能满足学生对于文献资料的需求。

3. 对个人数据信息的采集

学生在图书馆学习的过程中能够留下大量的轨迹信息，这就成为高校图书馆采集学生个人信息的重要来源。此外，高校图书馆掌握进入图书馆学习学生的专业背景以及科研成果等一系列的个人信息，这均是高校图书馆对学生个人信息采集工作中相当重要的部分。学生的个人信息对高校图书馆提供服务的工作具有十分重要的作用，这些学生的个人信息是图书馆记录学生重要信息的数字化体现，同时也是高校图书馆中非常重要的一些数字资源，高校图书馆通过对学生的这些数据信息进行采集和分析，能够实现对学生的定位，然后高校图书馆根据对学生的定位结果，为学生提供相关的就业服务。

（三）提高相关部门的就业信息服务能力

就学校而言，需要进一步加强高校就业信息服务供给信息平台建设，形成健全完善的就业指导机构，坚持以就业为导向。面对疫情，开展线上就业指导服务、解决平台问题、提升对APP、小程序、公众号的管理效能，解决好大学生的就业引导问题。要更加注重利用互联网、大数据等现代信息技术手段，提高就业服务现代化水平。

1. 平台建设

加快推进"互联网＋"就业创业信息系统建设。完善学校就业信息发布网站，有专门人员对信息进行整合、管理和收集，加强信息来源的可追溯性，做到信息来源透明化、可视化、真实化；缩短信息更新周期，实时动态更新；对就业信息进一步筛选、整理、分类（即：主体上针对不同年级划分；维度上根据实习、勤工助学、企业招聘等；领域上如科研类、实践类等进行分类）。信息网络技术部门建立可实时发布的就业信息校园 APP、公众号、小程序等。

2. 多元化服务

学校坚持为每一个学生创造就业机遇的工作理念，打造一条龙指导、多元化服务的就业服务新模式。提升指导效能，促进大学生充分就业。树立"高水平管理、高质量服务、高层次就业"的工作目标。线上线下相结合，宣传国家关于大学生就业的各项方针政策和规章制度、提供就业信息服务全体学生。

由就业指导部门负责学校全体大学生就业的专门工作。

（1）进行人才需求预测，提出公司在人才市场的招聘方向和发展趋势。通过对企业市场发展前景的预测，对学校课程设置提出合理化建议；收集主要就业地区人才引进政策和待遇情况，分析预测，制定相应对策。

（2）做好信息筛选，考察用人单位向大学生提供的就业信息。严格监控用工信息，提高准入门槛。从用人单位的具体地址、经营规模、企业性质、发展前景、工资待遇、劳动保护、食宿条件等方面，考察用工信息的真实性和价值意义；联系用人单位确定招聘方式，开展校企合作。做好信息公开和活动登记，为校园就业信息的安全性建设工作保驾护航。

（3）当好学生与用人单位间双向选择的纽带，将就业信息与学生成绩情况公平公正地提供给选择双方，满足学生和用人单位的共同需求。

3. 数据共享

数据库更新、资源牵引、手段创新，形成信息推广新模式。要坚持以就业信息为导向，集聚数字资源，不断拓展就业信息空间。既要实现全校范围内的数据交换，又要实现与周边高校的信息资源共享。开发系统接口，完成与职业规划培训、就业信息供给、信息环境安全等系统的对接。实现部门间数据资源共享、信息筛选和比对，从而提升信息优化改善效能。为大学生这一服务主体提供精准化、精细化就业信息服务，为大学生择业提供决策依据。

归根结底，提升就业信息获取能力，需要构建制度化的就业服务、做好信息采集揭示、提供专门的信息获取培训、打造丰富的创业活动，健全组织构架提高对就业信息检索、就业指导的驱动力。

（四）建立大学生就业信息管理系统

高校承担着人才培养的重任，需要满足学生的层次化需求。大学生的就业主动性不断增强，就业需求更加旺盛，高校需要对学生的个人信息进行统计分析，帮助学生树立正确的求职观念，养成健康的求职形态，并帮助学生开展就业前景分析。为了实现上述目标，高校需要构建大学生就业信息管理系统，通过信息管理平台呈现就业信息，为社会企业和高校学生提供互动沟通的桥梁。高校就业信息管理系统以互联网作为依托，以现代信息技术作为先导，国外和国内的技术发展水平不同，技术应用路径不同，信息管理系统也呈现出较大的差异性。

在1961年，J.D.Gallagher最早提出了管理信息系统的概念。随着时代更迭，学者们对管理信息系统展开了研究。管理系统以计算机硬件作为依托，弥补了传统手工作业的不足，可以对生产计划进行分析。许多企业将管理信息系统应用于产品生产，实现了人机交互。管理信息系统有着强大的数据处理和数据分析功能，可以对各类信息数据进行收集和汇总，支持企业组织的有效运行和科学管理，对企业发展做出了不可磨灭的贡献。在认识到管理信息系统的重要作用后，其被应用于教育领域。高校依靠现代信息技术构建了管理信息系统，如教务管理信息系统、招生管理信息系统、就业管理信息系统等，并形成不同的数学模型，对管理过程进行监控，为后续管理提供决策支撑。发达国家高校最早建成了招生管理信息系统，采用现代计算机网络技术和企业管理学方法，以就业率提升作为既定的信息管理目标。在开展计算机网络系统建设时，高校对软件平台和硬件平台进行科学挑选，并集成各个管理信息系统，拓展局域网建设，实现局域网和广域网络的连接。由于发展时间较长，高校的就业信息管理系统得到适应性调整，专业的管理机构生成，系统维护体系得到优化，信息源组织得到健全。随着计算机技术的迅猛发展，学者们对信息管理系统的研究不断深化，MIS（Management Information System）成为一门独立学科，就业信息管理系统的含义有所扩展。一些学者认为，就业信息管理系统的对象是信息，而信息使经过加工之后的数据对高校管理工作具有突出应用价值。高校就业信息数据来源分散、数量巨大，有的来自相关企业，有的来自人才市场，高校可以采用多种信息加工方式，为学生提供信息反馈。一些学者对就业信息管理系统的特征进行了总结，认为其主要有五方面的特征：第一是人机结合，第二是日常信息处理，第三是数据处理速度快，第四是形成了科学的信息模型，第五是实现了求解结果的最优化。在理论研究的推动下，高校管理信息系统建设更加高效。剑桥大学、牛津大学等一流学校早已建成体系化的就业管理信息系统，汇总了国内外的就业信息。除了汇总就业信息外，其搭建了学校内部与外部企业互通的平台，为学生就业、社会人才供给提供了便利。

相比于发达国家，我国对现代信息技术的应用并不充分，经济发展水平相对较低。计算机技术起步比较晚，导致高校信息化建设力度不足。教育部下发了大学生就业工作通知，明确了高校大学生就业服务工作的特点，并提出高校大学生就业服务工作的要求，即加大投入、迅速调整、完善机构、强化意识、健全体系等。在教育部的大力支持下，我国加快了人才市场建设的步伐，高校引入了现代信息技术，以信息化带动了就业指导的专业化。经过近几年的发展，我国大多数高校都构建了就业信息管理系统，并对就业信息管理系统进行定时更新和有效管理。信息化平台应运而生，高校大学生可以通过信息化平台浏览就业信息，与社会企业建立联系。值得注意的是，当前国内高校学生就业信息管理系统应用存在一些不足之处：第一，部分高校就业信息管理系统的网络建设并不充分。许多高校将着眼点放在教务管理工作中，忽视了就业指导的重要性，其对就业信息管理系统的管理意识比较淡薄，导致对就业服务重视程度不够。就业信息管理系统大多由学生干部维护，学生的技术水平有限，流动速度相对较快，就业信息管理系统维护管理效率偏低，制约了就业信息的流通和宣传。第二，部分高校就业信息管理系统的建设资金较少。截至2018年，我国高校信息化建设的累计投资不超过总资产的2%。对发达国家进行分析，一流高校的信息化建设投资占据总资产的10%。由于信息化投资不足，就业信息管理系统建设逐渐陷入困境。第三，部分高校的网络利用效率较差。当前高校学生的生活范围有限，其了解社会的主要途径是互联网络，很多高校对互联网的利用率不足，并未在就业信息管理系统模拟职场平台，开展模拟就业活动等，影响了学生个人能力的培养。第四，部分高校信息化建设效益较低。我国现代信息技术发展水平有限，高校所能应用的信息技术产品较少，就业信息管理系统的更新速度比较慢，很多系统都沦为了形式化的产物，得到不到有效利用。第五，部分高校的就业信息管理系统安全性能较差。就业信息管理系统以互联网作为依托，但是国家对就业信息管理系统并未指定具体法律条例，一些不法分子介入到就业信息管理系统中，盗取了学生个人信息、企业应聘信息等，引发了不良后果，阻碍了就业信息管理系统的正常运行。

（五）基于高校图书馆整合就业信息资源

大学生就业信息资源的整合有利于促进大学生有效地筛选就业信息，提高就业率。下面以高校图书馆为例，谈一谈高校图书馆在就业信息资源方面的整合与服务。

1. 建立就业信息储备库

近些年来，各大高校建立具有自己特色的信息资源库，以此来丰富其图书馆内部的信息资源，更好地满足学生的阅读需求。当高校的图书馆采集到大量的就业信息以后，需要采取科学有效的措施对这些信息进行存储和管理，并将这些作为高校图书馆的信息资源以备学生查看和利用。此外，高校还可以通过建立相应的模块将这些信息从数据库中提取出来，然后将其以结构化的形式重新存储到就业信息的储备库中，以供学生分析和利用。最后，由于数据信息具有比较高的时效性，对于就业信息储备库中的一些信息，高校图书馆应及时地更新或清除，进而保障数据储备库中的信息更加有效。

2. 建立招聘信息储备库

根据大学生的不同专业和兴趣爱好，将他们的个人信息储存在数据库中以供随时调用。在很长一段时间以来，随着招聘信息库中相关信息资源的不断丰富，高校中部分大学生正在朝着一定的就业目标前进。人才的培养过程并不是一蹴而就，而是通过学生在日常的生活学习中不断积累来实现。随着招聘信息库中相关数据信息的不断更新，可以根据学生阅读时长以及到馆率等情况对学生进行评级。当企业让高校推荐人才时，就可以将评定结果作为推荐的依据，优先向企业推荐那些评级比较高的学生，能够有效地提升学生的积极性，同时也能够保障评级的过程具有比较高的客观性。

3. 建立学习信息储备库

从某种程度上来说，学习资源是提升学生就业技能的重要基础，高校图书馆通过建立专门的信息储备库对其进行管理，能够帮助大学生更好地获取相关的知识技能，还能够有效地填充高校图书馆中的信息资源。高校作为一个研究学术的单位，其本身就会产生许多学术成果，高校图书馆如果能够将这些成果以及这些成果对应的相关数据进行采集和利用，就能为高校图书馆学习信息储备库中储备更多的学习信息，让学生在阅读的过程中从中受到启发，为将来的就业打下坚实的基础。

4. 构建高校图书馆就业服务平台

高校图书馆可以充分地利用网络技术搭建就业信息服务指导的平台，通过这一平台为学生提供一些相关的招聘信息。在这一平台上为大学生设立专门的反馈模块，保证学生能够及时地表达自己的就业诉求，而且平台还可以及时地处理学生的就业诉求。此外，这一平台为用人企业设立一些专门的板块，这些企业可以通过这一板块发布相关的招聘信息，充分地发挥高校图书馆在学生就业过程中的中介作用，为学生和用人单位之间建立起联系，进而努力做到即使在学生在毕业之后还能够迅速地与相关职位匹配。

5. 研发数据与信息的分析技术

数据挖掘与信息分析在高校图书馆提供就业服务的相关工作中发挥着相当重要的作用，高校图书馆可以充分地研发数据与信息的分析技术，更好地挖掘学生专业背景以及兴趣爱好等相关的信息，进而提升高校图书馆对学生所提供就业服务的质量，使其提供的服务更加具有科学性和合理性，更好地发挥高校图书馆对学生就业的指导作用。

随着社会发展以及科学技术的不断进步，高校图书馆在学生就业指导方面发挥着越来越重要的作用，在这样的情况下，为高校图书馆制定相应的标准来对其进行规范，提高高校图书馆的服务水平，确保高校图书馆能够为学生的就业提供更多的帮助，切实地解决大学生在就业过程中遇到的一些问题，更好地帮助大学生就业。

第二节 简历与面试

一、简历综述

（一）简历的含义

简历，顾名思义，也就是对求职者的资质、技能、成就及其他相关的个人情况做一个简明扼要的书面陈述。简历是用于求职应聘的书面交流材料，它向用人单位表明求职者拥有满足特定岗位需求的水准和态度。

一般来讲，以求职应征为目的的简历都强调"针对性"，也即针对职业选择来确定简历内容。因此，简历中除了不可或缺的基本要素，还需要做到因时制宜，根据实际的岗位情况添加其他要素。那么，简历有哪些基本要素呢？其他要素又是什么呢？所谓基本要素，也就是简历向用人单位传达的个人基本信息，包括求职者的个人资料、教育背景、工作经历等。这些包括姓名、年龄在内的基本要素，旨在使得用人单位对求职者做出基本的了解。而其他要素，则需要根据岗位要求，提及个人的求职目标、所受培训、掌握技能或是实际成就等。这部分内容的选择对求职者的职业规划能力和自身评估程度有一定的考验。因为不同的岗位和不同性质的工作对求职者有不同的要求，如果在简历的其他要素上毫无取舍，一味堆砌，以同样的烦琐内容去应聘不同的岗位，往往会埋没自身优势，失去简历的竞争性。因此，取舍的标准，不只是看内容精练与否，还在于选取的要素是否有针对性和突出优势，是否有利于求职成功。

此外，还应该注意的一点是，不能为了突出竞争力而在简历中自吹自擂。简历不仅需要简洁、有针对性的内容，而且还要又客观的陈述。用人单位希望从客观、实际的描述中去了解求职者，而不是在简历中看到一个虚构的"完人"。

（二）简历的类型

1. 按格式分类

简历的格式并不是指简历的内容排版或是外观设计，而是指如何组织和排版简历的各种要素。不同格式的简历能够突出求职者不同的侧重面。以下将主要介绍目前求职市场上最为常见的几种简历格式。

（1）时序型简历

时序型简历是一份按照时间顺序排列的简历，包括求职意向、学历和经历等部分。这类简历的写作方式十分直接。它从求职者最近从事的职业开始，依次逆向往前推，简要概括出个人的受教育经历、工作实习经历等信息。通过清晰的纵向模式呈现求职者的人生经历与发展的全过程，有助于用人单位一目了然地了解求职者的成长与进步。对于求职者来说，这是较为常用的简历格式，一般适用于以下情况：所求岗位符合个人的教育背景和工作经历；有稳定的求学和工作记录，个人实习实践经历含金量高；实习实践经历的连贯性较强，能够反映相关工作技能和资质的提升；个人技能领域有限，但在这一领域拥有丰富的经历。尽管时序型简历十分稳妥，适合诸如教育等传统行业，但它的时间连续性同样也会暴露一些问题，诸如并不重要的工作经历或是无业、失业等阶段，这在一定程度上会给求职带来负面影响。

（2）功能型简历

功能型简历又叫作技术型简历，不考虑时间顺序而强调求职者的技能水平和资质成就。此类简历需要对求职者的优势和专长作提纲挈领的分析说明。一份功能型简历通常包含目的、能力、业绩和学历、经历等部分，其中工作技能和专长优势是核心部分。

对于求职者来说，功能型简历适用于以下情况。

①跨行业求职，且具有所求岗位要求的技能、资质。

②应聘技术型岗位，对技能的专业度有特定要求。

③有多领域的工作经验，想突出个人多方面的能力水平。

④缺乏高含金量的实践经历，或是工作史存在空白、不连贯等情况。

功能型简历将目标聚集在未来的成就而不是过去的荣誉，是更具针对性的求职简历。但这种简历格式最大的不足就在于不能清楚显示个人的教育就业轨迹，缺乏实际说服力，而使得用人单位因无法完全掌握情况而产生疑虑。

（3）综合型简历

综合型简历是时序型简历和功能型简历的结合运用。这种简历格式无疑是一个很好的选择，既可以迎合用人单位的准则和需求，又能通过个人连贯的学习工作经历来提供准确可靠的信息。它把求职者的个人资质和技能与人生成长经历结合起来，既强化了时序型格式的优点又避免了使用功能型格式说服力不足的问题。

采用综合型简历要注意的一点是，罗列个人技能时不应该空洞无物，与个人的经历割裂，而要结合具体的经历来说明对于相关技能的掌握程度。

（4）其他简历格式

除去以上三种最常见的简历格式，还有以下简历格式。

①履历型简历：求职者大多是专业技术人员，如医生等，因此简历中仅需要呈现个人的履历，如就读的医学院、就职医院和发表著作等情况。

②图谱型简历：也可以叫作创新型简历。与传统简历格式截然不同，充满创造力和活力，但适用性不强。

③记叙型简历：可读性、趣味性强，要求较高的写作技巧、不同寻常的个人经历等。但这种简历客观性不强，适用性较低。

2. 按目标分类

有时我们在求职过程中存在这样的情况，即在中介平台上发布个人简历，等待用人单位的联系。这样的求职方式随着网络招聘平台的兴起变得愈发常见，它不同于通常我们主动联系用人单位的方式，具有便捷、机会面大等优势。那么，适用于这种求职途径的简历又如何分类呢？

（1）目标型简历

撰写目标型简历的前提，是求职者要对所求岗位的要求、行业环境等有较为清晰的了解。换句话说，也就是要掌握简历审核者的需求。因此，目标型简历首先要强调目标用人单位所需的技能和资质，简历的内容定位要贴合目标岗位的要求。例如，假设某求职者想要应聘任一行业中的会计一职，那么对于他来说，就必须提供足够的砝码来证明自身能够胜任各个行业中的会计岗位。这些砝码可能包括优秀的职业技能、含金量高的工作实践、出众的培训经历以及显见的业务成就等。

（2）资源型简历

通过中介平台求职的方式有一个较为明显的优点，即用人单位对简历的针对性具有较大的宽容度。不可否认，求职者确实会存在不能确认求职目标的情况，这种情况下选取资源型简历就能包含更广泛的内容，可以从多个方面来强调求职者的个人技能和成就。

资源型简历最重要的作用就是让用人单位明白，求职者拥有什么样直观而实际的技能，能够在岗位上做出什么贡献，带来多大的收益。因此，无论是哪一种简历，我们都要传递关键信息去迎合用人单位的需求和期望。

（三）简历的基本内容

在第一部分的简历概述中，已经简要涉及了简历内容的选取。而在内容设置和表述上，求职者也要有周密的思考。一般来说，内容的选取要从实际情况出发，但切忌画蛇添足，乱设置项目，以免因过于烦琐造成负面影响。

尽管简历中提供的信息由求职者自己决定，但也有一些作为:标配的基本内容，以下从六个方面罗列这些内容。

1. 个人基本情况

个人基本情况指抬头部分需要说明的个人信息，第一准则是清楚无误，除去姓名、年龄、学历、联系方式等固定信息，身高、体重、民族等信息则可以根据所求岗位的不同要求来有选择地列出。

2. 职业目标

职业目标是奠定简历基调的内容。将求职者的才干与用人单位所需相联系，求职者通过写出职务名称，来回答"想做什么"的问题，并可以适当地作简要陈述，以回应"能给所求岗位提供什么价值"这一问题。此外，还要注意考虑职业的薪资待遇、所在地域、行业环境等现实问题。

3. 教育背景

教育背景是求职者知识技能的集中体现。可以按时间顺序对毕业院校、所学专业、学位、学历，以及与所求岗位有直接相关的学习科目等情况做出说明。此外，本专业之外掌握的与职业目标相关的知识技能也可以进一步加以阐述，如专题的培训经历等。

4. 实践经历

实践经历是简历的重点陈述部分。阐述时要遵循诚实原则，尽可能以量化方式表达。工作经历往往能影响得到面试机会的概率，因此要突出工作实践中所取得的经验和成就。如果校外工作经验较少，则可以强调校内的实践、社团活动等。还可以适当地提及个人特长及爱好所取得的成就，这些内容主要是向用人单位展示个人的社会表现、社会活动能力以及社会认可情况，但也要遵循岗位针对性这一原则，不可泛泛而谈。

5. 奖励评论性情况

个人能力和成就的直观展现区。主要罗列真实且有含金量的奖项、相关领域内专业人士的评价等。能够帮助用人单位推测求职者的能力水平，并提高简历的说服力。同样地，所述奖项和评价都要为职业目标所服务，避免连篇累牍、杂乱无章地堆砌荣誉，营造"完人"形象。

6. 自我评价

这是对自身良好个性品质的总结。如学习能力、沟通能力、解决问题能力或创造精神、合作精神等，还包括对个人性格的描述如热忱敬业、真诚可靠等。但自我评价不该一味地使用大段描述性语句，而要对个人能力进行高度总结，集中展示特长和职业兴趣，避免写成千篇一律的套话空话。

（四）简历中的常见问题

大学生求职就是一次自我营销。在就业竞争空前激烈的今天，大学生除自身拥有较好的竞争实力外，都希望能撰写一份优秀的简历，借此快速成功地推销自我。简历，成了大学生就业的助推器，制作求职简历，也成为就业指导工作中的重要内容，且受到学生的重视和追捧。但对于经验缺乏、简历写作功底薄的大学生来说，想写出内容厚重而富于个性的简历，往往是费尽心思而问题杂陈。

1. 套用简历，无针对性

很多大学生简历写作底子薄，抱着偷懒速成的心理，常借助于网络上盛行的"万能简历模板"，依葫芦画瓢，把内容模块照搬下来，稍加修改即拿来己用，甚至模版要素中原来的"实践经历、项目成果"之类，自己并没有，也大胆克隆，或真诚勇敢地填一个"无"字，自揭其短。并且为图省事，"一份简历打天下"，应聘任何一家企业都用同一份简历，以不变应万变，如此炮制的简历毫无针对性可言。

2. 罗列内容，重点不明

把简历当自传来写，个人所有的成长经历铺陈开来——罗列。个人信息详尽周全；教育背景从小学写到大学；实践经历事无巨细；爱好特长各种各样；自我评价面面俱到。内容完备了，要素齐全了，但这样洋洋洒洒，详略不分，抓不到重点，不仅做不到"简"，更谈不上有"力"。

3. 要素缺失，条理不清

在简历的基本要素中，通常包括个人基本信息、求职意向、教育背景、实习实践经历、荣誉奖励、技能考证、兴趣特长和自我评价等构成要素。这些要素因人而异，并非每个人的简历都必备。但像求职意向、教育背景、校内经历、实习实践经历、技能考证等要素对于大学生的求职简历来说，是必不可少的。但有些大学生不知其所以然，会随心所欲地遗漏必备要素，导致简历内容残缺，信息严重不足，招聘方无法据此判断和取舍。另外，一些同学不考虑个人实际情况和对方的阅读期待，或刻板地按固定顺序来呈现各内容要素，或者随机地呈现，打乱内容版块间内在的连贯性，显得杂乱无章。

4. 不拘细节，阅读体验差

大学生的简历中常出现错别字、标点符号乱用，语言表意不明等情况；还有字号字体不统一，页面设置不合理，版面不美观（或版面太花哨）等问题。内容和形式上都不拘细节，这样"面目可憎"的简历，导致阅读体验大打折扣。这表面上看是求职者的写作能力有限，本质体现出的是做事态度不端正，不严谨不细致，职业素养低，让用人单位质疑其求职的态度和动机。

5. 语言模糊，表达不准确

大学生在撰写经历时喜欢表述为"丰富的兼职经验"；描述IT能力时习惯写"熟

练操作多种办公软件"；说明学业时常用"非常优秀""几次获奖"之类含糊的表达。模糊的语言表达的是不确定性，暗示了内心的不自信，没有很好的说服力。

6. 华而不实，言之无物

来看一段学生的自我评价"本人热心、善良、自信、自律、上进心强，有较强的组织、管理能力。工作认真负责，能快速适应新环境，具有良好的团队合作精神，具备复合型人才的条件。"单从这些术语看，这位同学是出类拔萃的。但这些自我评价，如果没有充分的事实材料佐证，就是言之无物的自吹自擂，给人留下的印象可能华而不实，不如有血有肉的具体事例来得有力。

大学生在撰写简历中出现的这些问题，受其为求职自我营销、过度包装思想的支配，当然也反映了其应用写作水平不高，但更暴露了他们不懂得简历作为应用文书，有其独特的思维特点。遵循应用写作思维才是撰写制作简历的"内核"，而大学生往往多停留在模板形式这一层面。

（五）简历的重要性

1. 简历是一块"敲门砖"

用人单位查阅简历就是一场大型海选。通常来说，首轮筛选中一份简历的过目时间只有短短10~15秒。高比例的刷简历情况往往会造成一定的"误伤"，这也侧面说明一份合格的简历需要通过不断打磨，要能给人留下强烈的第一印象。出色或成功的个人简历，最重要的作用就是能让简历审查者产生面试求职者的想法，因为求职者传递出的信息正是用人单位所寻找的。

2. 简历是一把"定音锤"

简历的制作要以用人单位的需求为首要条件。它就像一份销售文件，力求突出求职者的优势、成就和水平。同时，求职者也需要通过简历向用人单位展示出自身对于岗位需求的了解，并证明自身的价值以及能够在岗位上创造的效益。在面试前，简历是用人单位决定面试人选的依据；在面试时，简历又作为用人单位的"采访提纲"用以对求职者做出考核。因此，简历中的内容选取要遵循简洁、真实、契合的原则。某些别出心裁的自我表达，或许能带来出其不意的惊喜，但大多数时候，一般建议求职者在简历描写时以稳妥为主。只有简历上的每句表达都经过深思熟虑，并将其了然于心，面试时才可以气定神闲、事半功倍。

3. 简历是一张"入场券"

简历最主要的目的，就是使求职者获得面试资格，创造一个自我展示的机会。

我们无法控制用人单位给出心仪的职位，也无法控制面试候选人名单，但我们唯一能控制的，就是手中这份简历。

因此，塑造简历不仅仅是塑造一份潜在的职业"入场券"，也是塑造自己人生新阶段的入场券。我们通过就职来体验社会，通过改变职业来尝试人生不同的可能。塑造一份简历，从某种意义上来说，何尝不是塑造我们自己呢？

对照上述重要性，简历的制作原则不言而明：第一，简历要一目了然；第二，简历上的每一处介绍都必须是求职者能够谈论并擅长于讨论的，不需要出现不必要的创意，容易使得"惊喜变惊吓"；第三，写简历是一种准备，在这个准备过程中，能够体现求职者对自身的认识程度，对岗位信息的了解程度，以及对未来的职业规划和人生规划。

（六）简历的写作技巧

1. 遵循实用性思维

思维出发点的实用性，可以很好地解决撰写简历的主题和选材问题。应用文的本质特点是"实用性"，这种本质属性决定了其思维的出发点就是解决某项工作、某个问题。具体到简历撰写就是通过简历筛选获得某项工作的面试机会，这也正是求职简历撰写的逻辑起点。因此，撰写简历的思维出发点有两个：一是考虑招聘单位要求，二是结合大学生自身条件。而且，简历中所包含的自身条件必须主动迎合应聘岗位的需求，同时，也要基于自身实际，扬长避短。因此，某个岗位是简历的主题，"我"的优势能力是写作材料，材料要为主题服务，简历中实现了"我"的优势能力与岗位要求之间的一一匹配，获取面试机会的实际问题也就解决了。这就是从实用思维出发，知己知彼，做到有针对性。

当然，求职的岗位这一主题变了，简历的内容材料也必然要调整，这才是有"的"放矢的实用性思维。所以，万能的简历模板只是形式的简单机械模仿，内容上没有个性化处理，求职者"一份简历打天下"，既不能满足不同岗位的需求，也不足以树立个人标签，展示自我优势条件，无法针对性地具体问题具体解决。

2. 掌握程式化思维

掌握思维过程的程式化，可以解决撰写简历中结构与次序的问题。解决实际问题是应用文生成的出发点，同时写作思路也要反映事物发展的秩序和规律，这就决定了应用文的基本思路应该是：发现问题、分析问题、解决问题（或是什么、为什么、怎么办），这一路径就是简历写作思维程式化的表现，也被称之为"三段式思维法"。

"三段式思维法"下，简历的写作思路大致是"我是谁""我想做什么""我为什么比别人更合适"这样的内在逻辑。这种内在逻辑外现为简历三大结构版块：自我简介、求职意向和展示个人能力优势，而且很显然，三个版块中展示个人能力优势需要重点说明的。在展示个人能力优势的过程中，先说明什么，再说明什么，这就是一个内容呈现的次序问题了，要从满足招聘方的心理来考虑。首先重点回答招聘方关注的问题。如对已有工作经历的求职者来说，其工作经历是招聘方最关注的，其次就是教育背景；而对即将毕业的学生来说，其教育背景、实习经历或社会实践、在校表现则依次会被关注。当然，如果求职者所学专业与应聘岗位不相符，但求职者有与应聘岗位相关的实践经历，则宜将此实践经历置于教育背景之前。这就是重要性优先的原则。当然，无论是工作经历还是教育背景，通常是按时间倒序来排序，也就是说工作经历是从最近的工作开始写，写到大学毕业为止；教育背景则是把最近的学历排在最前，如此类推回去，最远追溯到高中即可。简历的版块结构与次序，都呈现出程式化的特点。遵循思维的程式化，从利于招聘方的阅读期待来考虑简历内容结构次序，就可以处理好简历的条理性和详略问题了。

3. 运用利他性思维

运用思维角度的利他性，可以解决简历中的语言和表达方式等形式问题。应用文写作中的"利他"是指要有利于对方根据文章内容来做出判断、执行、获取信息，利于对方快速高效地获取到他想得到的信息。不管对方是谁，一旦确定他是该应用文的阅读对象，那我们就要考虑他的需要、要求等，要保证内容的清晰、完整、正确、真实。这种"利他性"，换言之求职者要"换位思考"。在"换位思考"中：谁看求职者的简历？用人单位最关心的是什么？甚至对方的阅读习惯，看简历的时间长短，这些都要从"他"的角度来考虑。

撰写制作简历时怎么做到"利他"呢？那就是要满足对方的阅读期待和阅读体验。可从以下几方面入手。

（1）内容选取：要对照招聘单位和岗位需求，筛选出自身与之相匹配的背景、经历、技术或专长，利于对方捕捉重点；更要筛选出能够让自己优胜于其他竞争者的加分项，展示亮点。当然也不能随意遗漏关键要素，信息不足，满足不了对方阅读期待。

作为内容的写作技巧，可以用四句话概括：个人情况简洁明了、教育背景争取对应、实践经历详略得当、其他特长真才实学。其中,自我评价以及个人成就几乎是穿插其中的重点内容。如何把握这两部分的陈述往往就决定着整个简历的内容质量,因此,我们将从这两部分来阐述如何做到内容言之有物。

①自我评价切忌空洞

求职者在自我评价的部分往往会罗列一些正向的品质,如踏实刻苦、善于创新等。但这些描述一旦在简历中不落实处,便会显得空洞无物,难以说服用人单位相信简历所展现的个人形象。例如,有时我们会在抬头信息部分写上几句简要的自我总结,想要达到开门见山的效果。可是一旦此类总结是"友善""稳重"等描述词,简历的实在性反而大打折扣。因此,自我评价力求言之有物、点明关键。求职者可以针对所求岗位的要求突出自身最显著的适岗优势,以便于用人单位准确抓住简历重点。此外,利用好个人评价的描述词,很大程度上还能起到"自我形象修正"的作用。举个例子,假设某求职者并不擅长交际,而这看起来很容易成为面试过程中的一个减分项。但求职者可以尝试将其换个表述在简历中提及,例如,用"沉稳可靠"这样的正面词来做引导,使得用人单位对求职者有先入为主的个人印象。最好的结果就是用人单位将求职者的"寡言"与"沉稳"相联系,达到形象修正的效果。毕竟,在面试过程中,求职者的表现与简历所呈现的内容一致,才是最稳妥的做法。

②实践成就量化展现

简历的"历",可以拆解成"厂"和"力"二字,似乎可以联想为来历和能力,即求职者曾经的工作经验以及拥有的个人能力。这也是一份简历中需要被详细说明的部分。关于这部分的说明,往往容易产生华而不实、空洞无物的表达。因此,在呈现相关的经历时,我们可以通过量化的方式来优化陈述,这也是对个人评价的进一步补充完善。首先,求职者可以通过"事实+数据"的方式体现工作成就。假设某求职者评价自己"踏实刻苦",便可以用实打实的成果来展现自己完成工作任务和项目的投入程度。比如,某月业绩要求×万,求职者平均每日拜访×组,签约×万,200%完成目标,并取得销售第×名的成绩。同样,在表达个人特长爱好时,也可以采用这样量化的方式,例如,爱好绘画,曾承办×次大型画展并取得×成果;爱好跑步,曾多次参加马拉松并荣获×名次。像这样将实践经历包装成数据导向的描述,首先能够简化文字量,使用人单位可以精准而一目了然地获得有效数据,并掌握数据背后求职者所取得的实践成就。并且,切实的数据也能增强简历的可信度,突出品质描述词下的个人能力。此外,还有类似"成果+方法"的表达手段,这也是对事实和数据的进一步支撑证据。我们同样假设某求职者在简历中提到自己善于创新,那么便可以在实践陈述部分进一步通过量化手段证明自己有解决问题的创新能力。下面举一个例子来说。成果:在新媒体运营的岗位创造了 × 篇 10 万 + 阅读量的文章,提升粉丝量 × 人,提升率 ×%,转化客户率 ×%;方法:紧跟热点、借鉴某热门文章的操作模式,通过 × 活动将粉丝转化为客户。当然,并非只有重大的任务或项目才可以被这样表述,求职者只需要真实地写出负责、经手过最有成就感的任务、项目等,便足以在简历中展现自身的价值和能力。

(2)语言运用:运用准确、简明的应用文语言来撰写内容,利于对方理解信息。多用一些积极行为动词来描述能力。如把"我参与了两次迎新活动、3 次主题班会"改为"我策划了两次迎新活动,主持了 3 次主题班会",显然,后者动词的表达更为准确。积极行为动词就是能够准确描述可迁移技能,说明行为能力的一类动词。一些同学喜欢用"参与、参加、做了"某项工作的表达方式来写自己的实践经历,这类动词不能具体地表述自己的工作内容和收获,这时候可以采用动作类的"组织、协助、发起、策划、主持、撰写"等来描写负责的内容,采用"建立、发展、跟进、增加"一类的词来写工作过程,采用"达到、扩大、适应、改进"之类动词来总结效果,通过积极行为动词的概述,不仅准确告知对方我做了什么,还说清楚了做得怎么样,效果如何。远比"参加、做了"的泛泛而谈要有内容,也有力得多。

少用模糊词,多用确定性的词语。如写"英语口语良好,计算机操作水平高、多次得到学院嘉奖"中的良好、高、多次等词语就是模糊性词,表意不准确,也不具有很好的说服力。计算机操作水平高不如写成"考取了计算机二级证,熟练掌握 WORD 的功能,能运用 EXCEL 的函数功能进行各种计算,擅长制作 PPT,曾为教师制作课件等。"其中"熟练、运用、计算、擅长制作"等形容词、动词的使用,具体而准确地描述了能力水平。能使对方准确理解技能达到的程度。

少一些描述抒情,多一些客观冷静的表达。简历的自我评价部分,学生很喜欢使用类似"给我一个机会、还你一份惊喜""以梦为马,靠勤奋砥砺前行"口号式的情怀抒发或者"开朗淳朴,与人为善,正直诚实,有很强的责任感,勇于迎接挑战"等空洞的表达,不够客观也不具说服力。不如写成"性格淳朴开朗,正直诚实,推举为宿舍长并连任三年"来得客观真实,让人信服。

简历的语言文采往往会被忽略,但尽管这是一份追求实用性的材料,可用人单位也并不想成天对着一份份机械而枯燥的数据统计表作比较,因此,语言的作用依然不可小觑。

①用词简洁有力

这一点在内容写作上已经强调过,一般来说,用人单位在短暂的审核时间内没有抓到中心内容,这份简历就会被置之不理。求职者写作简历切忌空洞无物,要善用凝练语句来突出重点内容。

②词语避免重复

在陈述个人经历时,往往会产生相近的内容。比如,在学生生涯中,不同学习阶段往往有相似的学习经历。这时候在遣词造句时就要尽量使用近义词,而不是一个"学习"贯穿上下。例如,上文中用了"学习",下文可以替换成"研究";相似的"修习"也可以用"研读"来替换。巧用近义词,避免重复阅读产生的审美疲劳,也是提升文采的一个小诀窍。

③语句要有深度

这里所说的深度并不是要求职者将语句说得晦涩难懂,而是要巧妙地将"潜台词"藏在话语之后。简历要求简洁,而好的文辞往往意在言外。因此,简历表达的充分度也和言外之意有直接关联。但这其中也有一个需要把握的度,既要每句话都可以展开为一个话题,又不太过于隐晦。比如,某大学生在奖项中写自己获得了学校某奖学金,但这奖项并不能让用人单位直观认识到大学生的优秀程度,因此,该大学生在获奖内容后加了一句注释:全校仅1%的学生有资格获得。那么,在用人单位看来,言外之意便一目了然了。

(3)表达方式:应用写作的实用性要求和语言特点决定了它的表达方式只能以概述和说明为主。再加上简历要"简"而有"力",这就要求篇幅不能太长,但又要言之有物,以利于招聘方准确高效获取有效信息。为了达到内容明确而扼要,可采用"STAR"的方法来概述实践实习工作经历和校内经历。例如:某同学组织学院团队参加英语口语比赛,学院比赛成绩历年不佳,同学们积极性不高(Situation),她作为负责人,希望取得好的比赛成绩(Task),她发动各班动员优秀同学报名参赛,精心策划举办了院里的选拔赛,协调4名同学课余时间训练,帮助同学们纠正发音,请专业老师指导(Action),最终获得了全校二等奖的好成绩(Result)。用"STAR"法概述后,再用分条列项式,表述如下。

"2015.11,厦门东海学院第十届英语口语比赛(Situa-tion)。

某学院比赛团队负责人(Task)。

发动各班级同学参赛,组织选拔赛,协调4名同学训练,并帮助纠正发音,邀请老师指导(Action)。

获全校二等奖(Result)。"

通过 STAR 原则述事，不是简单地告诉对方"我"做了什么，而是从在什么背景下要做什么，怎么做到的，收获了什么，概要而完整地展开说明，并且在完成任务过程中具备的各种能力和工作态度，也客观地呈现出来了，一举两得。

当然数字说明是事实概述的有力补充，使表达更直观。如对英语能力的说明，英语 CET—4 级，可听懂 70% 的日常对话。这样的说明比起"英语能力良好"直观得多。一个学生描述实践经历"在中海地产兼职房产销售，3 个月内，电话邀约客户 1000 多组，带看 100 组，成功签约 5 套房产，业绩在门店做到季度第一"。一系列量化的数字直观地呈现了业绩，必会吸引招聘方的注意力。

（4）便于阅读：怎样做到"便于阅读"？首先是内容篇幅不宜过长，对于大学生来说，通常一页就够了。即便求职者有百般武艺，千种才华，最好浓缩在一张 A4 大小的纸上。其次排版要美观，做到整洁大方，一目了然。比如字体、字号、间距适中，页边距合适，版块感强，要素主次区分，内容重点突出，体现出干练、简洁的职业化特点。当然更不能出现乱用标点、错别字、病句等给人添堵。"高颜值"才能"以貌取人"，万万不可忽视。写作时的换位思考，能够使双方的沟通更加的顺畅和有效，不但"利他"，而且"利己"，最终获得工作中的"双赢"。

4. 体现灵活性形式

（1）格式完整

一份格式完整的简历需要满足两个基本的要素，即形式上的完整和内容上的完整。形式上的完整性要求整个简历的格式排版从头到尾都保持风格相同、详略得当；要避免半是手写半是印刷或前文紧密后文松散等情况。这不仅会使简历的通过率降低，而且会破坏用人单位对求职者的初始印象。此外，如果不是特定的创意需要，切忌别出心裁地用新潮的方式装饰简历。简单的项目符号就能很好地表明求职者的职责和技能，过多的字体、颜色和样式会分散审核者的注意力。一般建议整个简历的字体不超过两种，并采用常见字体。否则，电子简历可能会产生乱码、排版混乱等问题，纸质简历则会过于花哨，不利于用人单位及时获取有效信息。同时，有节制地使用粗体和斜体。使用格式是为了突出成就，而非分散别人的注意力。内容上的完整性要求简历的个人基本情况、职业目标、教育背景等基本内容均有所呈现。

（2）繁简有度

在排版上，不同场合下的简历还需要注意繁简尺度的把握。简历也是创作，多一笔流于沉重，少一笔又难尽其实。想合理掌握简历页面安排，还要根据场合的要求提前做好准备。求职者可以事先准备好三个版本的简历，分别是一分钟版、三分钟版和五分钟版。假设在人才一堂的招聘会，面试官在嘈杂的环境里难以有足够多的时间看详实的简历。这时候，重点突出、排版清晰明了的一分钟版简历往往更合时宜。因此，不同的场合下简历能够做到随机应变也是十分重要的。

（3）形式灵活

简历不只在内容上需要有针对性的陈述，形式上也需要根据所求岗位的性质灵活应变。比如，就国有企业而言，传统的管理模式会让这些单位看重证书、荣誉等奖项，因此可以在简历后额外陈述其他的个人所得荣誉及证明；而外资企业往往注重求职者的个人能力、进取意识以及合作精神等，在简历上就需要根据岗要求重点突出这些素质。此外，简历审核者的情况也会对简历形式产生一定的影响。活力而易接受新事物的审核者往往容易被创意吸引，但大多数情况下审核者往往例行公事，因此形式稳妥的简历还是最有保障的选择。在追求高效的今天，与其挖空心思堆砌材料，还是应该用最简明的篇幅表达个人特点和能力。但针对不同的行业、岗位，表现出不同的关注和兴趣，让用人单位感受到坦诚和用心，依然是提高简历成功率的一个可行途径。

二、面试综述

（一）面试的含义

面试是人员选拔过程中最传统、最常见，也是最重要的一种方法。

狭义的面试就是面对面交谈的意思，是求职者与面试负责人（面试官）之间通过面对面的观察、交谈等双向沟通的方式，了解求职者的素质能力、求职动力、职位匹配度等的过程。

经过长期发展，今天的面试已经具备了越来越广的内涵与形式，可以理解为包括所有接触式了解的招聘过程。即包括通过与求职者直接交谈、在特定环境下观察求职者、在现场通过复合方式考查求职者等方式，了解其对职位要求的能力、素质、资格条件的匹配度和综合素质的过程。

面试一般由五大要素构成，即被试（求职者、考生）、主试（面试官、评委）、测评内容（职位需求、面试问题）、实施程序（流程、组合）、面试结果。作为"被试"，求职者不仅要注意自我的准备，也要认识了解其他要素，才能在对面试有完整认识的基础上，更好地加以准备，以达到最佳表现。

和笔试相比，面试具有考查内容深入、广泛、灵活的特点，可了解综合素质和能力，但具有较强的偶然性、随意性、突发性。对于大多数求职者而言，需要建立起全面的认识、提前做好准备，既不能奢望"面面俱到"，也不应完全依赖"临场反应"。

（二）面试关键词

如果对面试有过一定的经验或了解，相信求职者一定听说过结构化、半结构化、无领导小组讨论、情景模拟、案例分析、团队作业等各种形式，甚至还有一些令人匪夷所思的形式。但是万变不离其宗，面试的根本目的还是在于通过种种交流、交锋甚至"交换"过程找到最能胜任岗位的求职者，所以面试应重点把握其中的三个关键词：交流、匹配度、过程。

1. 交流

无论是"结构化"的面对面交谈，还是面试官"不动声色"的无领导小组讨论，求职者都应重视自己的一言一行与面试官之间有形、无形的交流。"一见倾心"只是开始，"相谈甚欢"也不是最终目的，只有"就决定是你了"的拍板落定，才是这一系列交流过程的最终句点。

所以，无论面试的形式如何，要始终把握好向面试官传递有效信息这一关键，同时在面试过程中，还要能迅速、准确地接收来自面试官的反馈信息，以期获得最终那个最"有效"的反馈。

2. 匹配度

面试不同于一般的面谈，也不同于完成作业或任务，无论采取何种形式，其最终指向都是为招聘职位找到最合适的应聘者。对于初出校园的同学们来说，要学会转换"标尺"、切换"思路"和"表达"，"论文""学生工作"等只能代表过往，面试的过程不只是展示自己的"优秀"，更要体现对职位的"胜任"。在人工智能大行其道的今天，面试作为考查求职者的手段，恰恰体现着岗位尚不能被人工智能取代的因素。因此，面试过程不仅仅是对岗位工作内容胜任力的简单考查，而是对求职者作为用人单位未来组成与工作伙伴的综合考察。具体内容我们将结合本章第四节的类型介绍加以展开。

3. 过程

面试的过程也是一个多层叠加的概念，它既包括最直观的交流过程，也包括从踏入面试会场、甚至应聘单位大门开始的行进变化与反应，它还是逐个单一交流过程的叠加，更是求职者在收获心仪职位前的全程。从更长远的角度来看，它也可以是一个人不断成长的过程——因为我们很难准确预判职场的下一次"面试"何时到来。"牢骚太盛防肠断，风物长宜放眼量"，不要厌烦一次次的"自我介绍"，优秀的临场往往都需要有长期积累的"无形准备"，应结合自身情况，学会从近、中、远不同角度看待面试过程。"近"看临场，"中"看知识与技能储备，至于"远"，则需要以不断的人生阅历和更多的知识储备去积累和体会。

（三）面试的流程

1. 自我介绍

在问候之后，"自我介绍"是面谈类面试的常规开场，需要注意面试官提问时附加的限定，如时长控制、介绍重点、介绍形式、对简历的涉及等。

有些同学习惯于"背稿"，一旦遇到特殊的提问方式或面试官的"压力逼问"，往往立刻紧张而痛失机会。对于面试经验较少的同学来说，提前练习不同形式的自我介绍，准备好"伸缩自如"的"腹稿"，是一种应急的准备方式。从长远来说，这同样可以作为一种练习，在打磨中帮助自己练就应对能力，更好地将面试官最需要的那个"我"介绍给他们。

因为面试岗位的指向性，"自我介绍"其实就是一种"自我推荐"。多数场合下，面试官的面前都会摆放着求职者的简历，但面试官是否阅读过、现场的阅读速度，都会影响他们在听取求职者自我介绍时的体验。所以，面试时不建议照着简历一项一项地介绍，而是以更加口语化的表达，围绕应聘岗位，串联起简历上的重点，以期实现"引人入胜"的效果。

2. 问答

在自我介绍后，面试官一般会就自我介绍或简历中让他感兴趣的点进行提问，部分限定题目的面试（一般为结构化面试）则会由面试官宣读指定问题，再由求职者作答。好的自我介绍或简历，可以引发面试官许多的"问题"，这也是我们花费较多笔墨来讲解自我介绍的原因。不要害怕"问题"，面试官提问越多，展示自己的机会也就越多。所以，在日常准备中，可以自己对自己、同学间相互或请老师协助，对简历和自我介绍进行提问，"问题迭出"，就一一想好回答，争取"对答如流"。"问不出问题"则应抓紧修改简历、完善自我介绍，必要时还应重新审视自己的求职目标与准备情况，调整方向和策略。

3. 反问

这是现在比较流行的一种方式，常见于面试结束前，面试官请求职者就自己关心的问题进行提问,从而考查求职者对岗位的关注重点、期待,求职和发展意向,以及对面试或求职过程的满意程度。过去,询问薪酬往往被视为一种比较低级的提问,但随着大量当年提出这类问题的人成为求职者,在同理心的作用下,这类问题已经非常常见,且容易被接受,甚至是一种谈薪酬前的"故意"设置,以致于有时候求职者没有主动问起,面试官还得自我"设问"一下。

建议提一些比较实际的问题,包括后续的安排、通知结果的方式等。特别是对于"初出茅庐"的大学生而言,应尽可能把准备的重点放在面试的主体部分。

但其风险也在于,面试官有可能拿这个问题"反问"求职者,此时,又该如何应对呢?倘若这个反问发生在面试官回答之后,是呼应还是提出不同见解?这些临场状况,最好提前想好应对方法。

4. 收尾

面试结束时,面试官一般会表示感谢并宣布面试结束。倘若追问环节没有沟通过后续情况,一般也会主动说明。此时无论多么"如释重负"都要保持从容自信,微笑感谢面试官后淡定走出面试场地。如果面试官提出"邀请下一位求职者"的请求或指定完成其他"小任务",也不要忘记。一般情况下,这个环节不宜再追问问题,特别是在多人依次面试的场合,都有一定的时间安排,过于强势地占用后续求职者的时间,多数情况下不是一种明智选择。如有不清楚的,可以试着向场外工作人员咨询。有些面试结束后会请求职者迅速离开,甚至安排从另一通道离开,避免向后续求职者透露面试题目。而有些面试则会请求职者返回候场地继续等待,最终一并宣布结果。这些"面谈"之外的安排也不要大意。遵守规则是几乎所有用人单位的要求,因此,遵守规则、保持仪态、适当社交,直到离开面试场地,才算画上句号。

(1)返回候场(同样适用于面谈前的候场)切记不要喧哗。无论面试完多么激动,或是有说不完话的新老朋友,都要保持安静。留意候场区工作人员的要求和提醒,如果没有限制,可以适当交流,对于部分需要较强沟通能力的岗位来说,这个沟通和观察过程说不定会成为面谈时的问题。

(2)迅速离开此时不宜逗留。沿途遇到工作人员,可以微笑点头表示感谢,展现有礼貌的一面。如经过候场区域但面试官有要求不能透露面试内容,可以向其他求职者微笑"加油",而后按要求离开。特别是当有共同前往的朋友时,勿因要结伴离开而滞留场地,可以相约在面试场地外的其他地方碰头。总之,切记不要以自身的特殊情况挑战规则,避免得不偿失。

（四）面试中的常见问题

1. 不修边幅

面试官看"脸"吗？当然看。这里的"脸"，指的不只是容貌，还包括精神面貌、穿着打扮、仪容仪态。求职者是一个整体，学识见识是其中的一部分，面容仪表同样是不可分割的一部分。从进入公司的那一刻，面试就已经开始了。仪容仪表极大地影响着面试官对求职者的第一印象。

第一印象的重要性，相信大家都不会否认。人和人的相处中，第一印象一旦形成就很难改变。而第一印象的建立，最短只需要几秒钟。试想一下，面试官一天要面试数十上百人，一个内外兼修、十分优秀的人尚且不一定可以成功入选，更不要说一个邋里邋遢、不修边幅的求职者了。没人有义务透过不修边幅的形象，去发现内心的美好。

通常来说，无论男女，着装颜色选择黑、白、灰色系基本不会出错。除非有明确要求的岗位，比如动漫行业等，对着装会有行业工作对应的要求。通常来说，男士最好穿西装，女士最好化个淡妆。

2. 简历造假

简历造假是职业发展中十分忌讳的行为。

真实的经历无法伪造，虚假的东西经不起推敲。面试官只需要多加盘问就可以看出求职者是否在撒谎。被面试官戳穿，后果真的很严重。轻则失去面试机会，重则被列入整个行业的黑名单，这会对求职者的整个职业发展产生非常严重的影响。简历可以适度包装，但决不能造假。

3. 过度自信

求职者的适度自信有助于面试成功，但过度自信往往适得其反。下面举个例子，用来阐明何为"过度自信"。某公司招聘前台，一位求职者来应聘。该求职者表示，对工资的要求不高，每个月 1 万元就行。因为该求职者认为自己名校毕业，月入 1 万元并不高。该职位的薪资是每月 3000~5000 元，远低于求职者要求的水平。对此，公司 HR 表示，求职者可能对这个岗位的薪资水平有误解，该求职者立刻反驳：公司公布的岗位说明中有一条，特别优秀的薪资面议。我觉得我就是特别优秀的那一个。

这位求职者显然没有了解这一岗位的市场行情，求职者的优越感并没有实力做根基，盲目地觉得可以拿高薪只会招来面试官的反感。因此，求职者对自我能力务必要有个清晰的认知。

4. 对公司毫无了解

对公司的了解程度可以说是面试的必考题。但很多应届生在找工作时"海投"简历，哪个有了回音就去面试哪一家，常常没有提前对应聘公司做功课，面试时会被面试官问得哑口无言。有的应聘者甚至夸张到张冠李戴说错公司的名称。这些无不说明求职者对面试的公司和职位不了解，其背后的原因自然是求职者对这份工作不够重视，以及求职者做事的态度不够认真。

一个应聘者是否满怀诚意地来面试，面试官是可以感受到的。谁都会喜欢对自己公司感兴趣以及态度诚恳认真准备的求职者。因此求职者在去公司面试之前，可通过多种渠道了解公司。

5. 时间观念差

如果面试如此重要的场合都会迟到，面试官不仅会怀疑求职者对这份工作的重视程度，同时会怀疑求职者的工作态度和自律能力。守时可以说是职场中的基本要求，如果连这个都做不到，怎么让别人信任能做好更困难的工作呢？需要说明的是，迟到是不守时，过于早到同样也是不守时的一种表现，这会打乱面试官本身的工作安排。如果到得过早，建议在公司附近找地方稍作调整，一般提前5~15分钟到达为宜。

（五）面试的作用

1. 直观作用：求职成功

面试的直观作用即求职成功——用人单位找到合适的新员工，求职者收获心仪的岗位。对于用人单位而言，基于招聘规模、岗位特点的不同，作用往往不仅于此。一般情况下，设岗部门的负责人，也就是招聘岗位的直接领导或上级领导都会参与面试的部分环节，往往也会在面试过程中对求职者未来可从事的具体业务内容产生预判，从而在求职者"入职"后迅速做好工作安排，这既是"岗位名称总相似，具体工作各不同"的原因，也是求职者在还不认识领导的时候，领导却对求职者已经了如指掌。试想一下，如果"初来乍到"时就有领导知道求职者的性格爱好、告诉求职者"哪位是同一个专业的学长"，是不是很能消除陌生感？

当然，这不是每个单位的必然选择。但如果遇到了也别意外，或许面试时求职者因为紧张完全没有注意到的某个"角落里的人"，就是求职者踏入职场的"引路人"。这种效用，其实就是"知人善任"。也因如此，如果有多个部门负责人在场，说不定还会发生"抢人大战",这个时候就更有意思了。

对于个人而言,最直观作用就是获得录用通知,同时还能了解单位和岗位的部分情况,甚至与未来的"上司"直接对话——如果还有其他面试官在场,"相谈甚欢"之余,别忘了控制时间。

2. 常见作用：发现差距

不是每场面试,都有美好结局。多数时候求职收获的都是"好人卡"或是"等消息"。这个时候,除了"微笑着离开",更应该通过每一次成功或失败的经历来认识自己、完善自己,尽可能在下一次机会前补足短板,并立足长远提升能力。其实不仅是从结果中汲取养分,从抵达面试地点看到的工作人员的举手投足、候场区里同场竞争者的条件状态、单面时面试官的言谈关注、群面时自己与他人的异同……都是可供研究和学习的案例。所以,面试最常见的作用是帮助自己发现自身的优势和不足,进而为后续的机会做更充分的准备。

3. 深层作用：学会成长

正因为面试是将我们"空投"到一个陌生的场景,跳脱出熟悉的校园,没有了求学过程逐渐积累的循序渐进、老师同学朝夕相处的知根知底,完全陌生的面试官,更能对我们进行一场"第三方"评价。不论这个评价是否准确,它一定是基于我们在特定场景下提供的信息所形成的。这也是许多同学苦恼的,"给人的印象"与"真实的自我"之间的错位。是弥合错位,还是自如切换？是改变自己,还是调整方向？是即知即改,还是兼听则明？

"面试是最好的老师"。这个老师既是面试过程,也是面试里遇到的每个人,更是在这个过程中从纷繁的场景、声音中去梳理价值、取长补短的自己。

面试的深层作用正在于帮助我们在熟悉的校园场景外去思考和提升自己。可以是在求职层面,对自己的求职领域、目标岗位做出进一步调整,也可以在实践层面,通过相关的课程学习、培训来进一步提升自己,还可以在"复盘"面试过程、求职过程中进一步分析自身性格喜好、人生规划,抓住有限的时间,让自己更快、更好地成长。于单位而言,面试过程同样可以通过求职者的整体条件来了解一定社会群体对单位的印象和评价,进而调整设岗、招聘乃至公司发展策略。这也是当前众多企业即便一边裁员也要一边大张旗鼓"校招"的原因之一——毕竟除了招聘新员工,这也是一场兼具品牌营销和市场调研的"复合战"。

（六）面试的有效准备

1. 信息搜集

"知己知彼，百战不殆。"如果说投递简历时的了解是一场"速读"，那么从收到面试通知的那一刻起，求职者就需要准备开始"深度调研"，在兴奋之后、紧张之前，尽可能做自己专业、冷静、高效的"咨询顾问"。

首先，确认通知面试岗位和所应聘岗位是否一致。当前招聘过程中，因为岗位性质、要求不同，有时会出现"冷热不均"的现象，有些用人单位会在面试通知时征询调剂意见，而有些通过网络、书面等文字方式传达的调剂信息则容易被忽略，需要多加注意，以免现场尴尬。特别要注意发出相关面试通知的单位自己是否曾投递过（有些网站设有"一键海投"功能，但不建议使用），避免因为信息泄露被不法分子利用，陷入电信诈骗、传销、非法传教等骗局之中。

其次，结合面试通知再次熟悉招聘简章。尽管招聘简章往往言简意赅，但这些内容是我们第一时间所能获得的关于应聘岗位的最直接信息。可以通过同期不同岗位招聘需求的对比、相关描述的一般性工作内容、公司介绍中关联信息的推测等，加深对应聘岗位的认知。

再次，用好网络等信息获取渠道。网络时代，信息检索是一项必备能力，可以通过用人单位网站、其他招聘网站、相关介绍和讨论评价、新闻报道等丰富对用人单位和岗位的认识，当然过程中也要提升鉴别判断能力，不忽视"前人"的提醒，也避免被错误信息误导。除了网站，倘若正好在报刊架看到相关报道，身边有亲朋好友、师长同学对此有所了解，相信求职者也一定不会错过。

最后，把握好和招聘人员的有限沟通。这里的"有限"包括两个层面，一个是沟通方式，一般都是电话或邮件的简短沟通（除了带有面试性质的"电话面"，可以通过对方提出的问题来判断）。另一个层面则是招聘人员自身对岗位的了解和权限，不同的单位负责电话或邮件通知求职者的人员身份不尽相同，他们能够提供的信息也有天壤之别。如何尽可能多地获取有效信息？第一，保持尊敬，给对方留下好印象；第二，虚心好学，围绕面试准备"求建议"；第三，放平心态，即便对方什么都不说，也要心平气和、表达谢意。

除了搜集尽可能多的信息之外，还要妥善加工，形成自我判断，并与自身条件相结合，"内化于心"才能在面试中"外化于行"。

2. 物资准备

纸质简历带不带？带！必须带！除了之前已经提醒的"收到面试通知后不忘

回顾简历"的"软性"衔接外，建议大家再做一些"硬性"衔接，比如，基于信息搜集形成的对岗位的认识，进一步优化简历的内容编排，突出对岗位的针对性，并附上精选的佐证作品或材料。不同于"海选"阶段，在面试环节，面试官们有更多的时间去看简历和佐证材料，但也别过于冗长引起不必要的反感。所有的扩展和修改都应围绕应聘岗位的需求而来。倘若不太能把握，那就在前期递交的简历基础上按照修改"越少越好"的原则进行优化。

对于一些有"作品"或"成果"的同学来说，一定要做好取舍。首先，应确保所提供的材料都是"自己的"，经得起提问和探讨。其次，要衡量好"数量"，避免喧宾夺主，甚至让面试官没有时间就主要考查点进行提问，起到反作用。最后，要安排好"顺序"，建议提前对可提供的佐证材料按与应聘岗位的关联程度进行排序，根据现场情况"量力而行"。用心的准备才是好的准备。

除了和面试直接相关的简历、材料，进入面试场地所需的通行证件、保暖的羽绒服、"润润嗓子"的饮水或是预防低血糖的糖果这些"保障"物资就因人而异了。至于手机和其他电子产品，在抵达面试场地前，切记调整成"静音"模式，"振动"也是会发出声音的。

3. 着装形象

面试着装，以大方得体为要，在清爽整洁中展现朝气而又不失沉稳的面貌。可以提前了解以便契合应聘单位风格，让自己能够自然而然地融入其氛围，增添亲切感。一般不建议在着装形象上过于另类。通常情况下，可以选择浅色衬衫与深色西装套装、套裙搭配，同时注意领带（领结）、皮带和鞋子的搭配。可以选择一两件饰品来"提亮"整体造型，但要注意不宜"喧宾夺主"。除了着装，发型和妆容更直接影响面试官的观感。女生建议着淡妆，既提亮气色又体现用心，男生则应多注意须发，保持清爽不油腻。

4. 行程安排

面试通知上一般都会写明面试时间和地点，倘若是在异地，有经验的 HR 还会再次确认或提供建议路线。对于求职者来说，建议尽量在面试规定的时间提前半小时左右到达，一来可以熟悉环境，二来也避免奔忙中凌乱的形象和喘息影响面试效果。因此，根据面试地点和居住地之间的距离合理安排行程就显得尤为重要，尤其当多场面试"接踵而至"时，更要提前规划。如果确实发生时间冲突的状况，还要进一步思考取舍。重新协商时间有一定风险，可以适当争取，但也别过于强求，需要谨慎行事。

除了交通工具上的时间，要将可能的步行时间、准备时间、调整时间都纳入考虑。一般应提前做好"物资"和服装准备，确保次日可以即刻出发。

对于奔赴异地参加面试的同学，还要提前做好出行功课，做好交通和住宿预订，注意旅途安全，尽量结伴而行。

定好闹钟也不容忽视。特别重要的面试可以拜托家人朋友电话叫醒或舍友人工叫醒，以免前一夜因紧张难以入睡导致错过。

5. 心理调适

面试前，紧张在所难免。究其原因，往往是感到自己准备不足。对此，首先，应该让自己掌握做好充分准备的方法。结合不断积累的实践经验，让自己的面试准备更加充足。

其次，应调整心态，做好选择，降低"得失心"，增强"体验感"。要在求职过程中不断认识和提升自身，扬长避短，避免在自身心态还不够强大时就"挑战高难度"。应届生作为"初出茅庐"的年轻人，一般情况下都可以得到更多的包容，可以将面试作为"机会"，把考官视作"指路人"，带着虚心向学的心态向面试官请教，为获得认可高兴，同样为发现可供将来改进的不足而高兴。

再次，应注重"量"的积累。面试是人与人近距离接触的实践，诸多因人而异的特点只有在反复交流过程中才会更加清晰。因此，可以通过量的积累来增强信心，在"最初"数次尝试时主动降低期待，减轻自我压力，说不定会有更好的面试表现。同理，多参加面试，在实践中找到最切合自身的状态，逐渐形成"侃侃而谈"的能力，到那时，"自信"必然取代"紧张"，也会对"谦虚"有进一步的体会。

最后，临场时的紧张可以通过深呼吸、眺望窗外开阔空间、慢速踱步等转移注意力的方式来缓解。相信自己，经过充分的准备，面试一定会成功。

（七）面试的新模式

1. 线上面试

（1）线上面试与传统面试比较

目前，线上面试主要是将线下面试的内容与形式进行复刻，除了面试的空间感发生了变化，其他诸如面试内容、组织形式等，本质上与线下面试没有区别，但尽管如此，线上面试却难以获得现场面试的效果。

首先，相比于现场面试，线上面试会直接影响"媒体丰富度"，即在整个面试时间间隔中求职者和面试官互相交换、相互沟通理解的信息量会显著减少，面试官获得求职者的即时反馈、交流暗示、表达喜好及个体感知的内容会出现明显缺失。

其次，由于目前网络状态不一致，网络设备多样化，在线上面试过程中，难免会出现网络延迟、音画不同步及卡顿掉线等情况，影响面试运行节奏以及信息的即时传递。同时，也因为上述原因，面试官和求职者不得不改变交流方式，面试官会逐渐失去对面试节奏的主动把控权，也无法完美传递考核意图，双方表达的时间也会被拉长，不利于对对话的理解。

再次，线上面试对于面试官全貌的展示非常局限，求职者难以观察清楚每个面试官的实时状态，也难以通过其手势、肢体动作、眼神等方式感受到其对自己的热情与好感，从而降低求职者对单位和岗位的评价以及入职意愿。

最后，线上面试还存在着其他隐患，比如，由于在视频界面中，求职者的展现内容是片面的，可能只有上半身的状态，面试官就无法从其肢体表现来综合判断求职者的具体情况；或者面试官只能通过视频窗口看到有限的画面，无法确保求职者周围没有其他人员协助其提升面试效果；再或者求职者还可能由于时刻通过视频窗口关注自身表现和状态，进而即时调整，优化临场表现，从而影响面试官对其最终判定结果。

（2）构建面试网络模型

联通学习策略，是 Siemens 在 2004 年提出的联通主义学习理论，也被称为数字时代的学习理论。联通学习策略主要应用于学习层面，基于学习网络提出的一种学习和知识技能积累的方式，主要致力于提升学习者专业知识的扎实程度、学习能力、应变能力、技能的熟练程度、应用能力、扩展能力、持续学习能力、专业嗅觉等。这些学习目标与面试环节对求职者岗位胜任特征的需求十分接近，因此，基于联通学习策略，将学习目标转变为面试考核时的考核内容，逆向使用该策略作为求职者岗位胜任特征的考察指标具有可行性。同时，参考联通学习策略的学习节点与学习网络模型，可构建基于逆向联通学习策略的单一面试网络模型。

①创新线上面试模式设计

A.节点创设及融入。线上面试具有时间和空间上的便利性，其可以将面试时间延长，不局限在一个固定的时间段完成；将求职者岗位胜任特征编制成网络节点，在面试期间，将不同的岗位胜任特征节点结合单位的既往工作实绩和未来工作计划，以单位及岗位需要的形式（如图片、文字材料、新闻报道、视频等）进行发布。求职者可以根据自身情况选择阅读，该过程就是融入的过程。通过记录求职者阅读时长、点击次数和回答问题的结果，面试官就能在一定程度上获取该求职者对于相关内容的融入情况。而该情况也是后续工作形成和发展的基础，因此节点创设的丰富性、全面性至关重要。

B. 节点的联通。面试官可通过不定期的在线交流，引导求职者将不同的节点进行联通，形成专业知识掌握程度与学习能力的联通、技能熟练度与应变能力的联通等，此环节重点考察求职者岗位胜任特征的复合情况。

C. 节点的扩充。面试官通过多次不定期的在线交流，不仅可以引导求职者将不同的节点进行联通，还可以重复交流单一节点相关内容，更好地考察求职者对于该节点内容的掌握深度和持续掌握情况。

D. 节点的创生。随着面试的推进和面试网络的逐渐形成，此时，面试官可以让求职者主动描绘当前面试网格的总体状态，指出网络缺失的节点或者提出发展新的高效节点建议，完成节点的创生，发挥求职者的主观能动性，直观有效地反映求职者的一些关键岗位胜任特征。

E. 网络间的联通——新的、更大的网络形成。在面试的推进过程中，每个单位、岗位形成的面试网络都具有自身的独特特征，他们之间既有明显区别又有内在联系。不同的面试网络通过不同的特征节点联通在一起，就能充分实现面试网络的交互，这能够在丰富面试形式的基础上，促进面试网络不断扩充、优化、整合，最终形成更加精准有效的面试网络体系。

新的面试模式致力于解决传统现场面试和线上面试中的不足，能充分发挥线上的优势，提高面试的效率和准度，但仍存在一些问题。

首先，新的面试模式对网络节点的内容设计提出了极高的要求，而且，每个单位、岗位的面试网络节点并非完全相同，这又大大增加了模式设计的任务量。

其次，面试官在面试过程中除了传统面试任务外，还要负责发布任务、引导联通、提示扩充、创生评判等工作，这对面试官的能力素质、公平执纪、体力等都提出了更高的要求。

最后，新的面试模式对面试内容和面试官提出了更高的要求，对于成绩评定，自然也有更多更高的要求，如何设计合理的评分指标，确保其实现既定效果，就是一项艰难的挑战。

随着信息技术的发展，线上面试必然会得到越来越多的认可和应用。探索一条适用于线上面试的方法，并不断优化完善，形成线上、线下交互联动的综合面试体系，对今后的面试工作必将意义非凡。

2. 人工智能面试

（1）智能简历筛选

本系统基于反向传播（Back Propagation，BP）神经网络进行电子简历的智能筛选。

①建立详细的用人岗位人才选用标准并为其分配权重。依据企业发展的战略规划提出人才素质层次整体需求，人力资源部门开展岗位及其职责的设计，应以其为基础建立人才选用标准，从而创建与企业发展相对应的岗位胜任性素质模型。

②依据岗位人才选用标准创建同一格式的电子建立模板并通过网络对外发布。简历中的待填写项包括求职者姓名、性别、年龄、联系方式以及教育背景、工作经历等基本信息。

③求职者完成电子简历的在线填写。求职者在指定的平台在线填写电子简历，确保按实际情况完成必选信息的填写，同时可对岗位意向和薪资要求等进行附加说明。

④以岗位优秀员工的简历为样本进行神经网络的训练。在对岗位所需人才的人格特征、兴趣机动、行为模式、知识技能等方面的图谱进行深度数据分析的基础上，人力资源部门可以从人事档案中挑选出多个岗位优秀员工的简历，用以对神经网络进行训练，BP神经网络会基于其自身的记忆能力与自适应性实现简历中有用数据的采集和处理，最终输出系统所需的结果。

⑤基于BP神经网络进行最优简历的筛选。随着学习次数的增多，BP神经网络逐渐成熟，进而能够独立完成线上简历的初选，减少人力资源部门的工作量。

⑥向通过初选的求职者发送复试通知，同时将初选的评估结果发送给相关管理人员。

（2）智能交流面试

智能机器人的系统中植入了自然语言辨识和机器人学习的模块，能够在一定程度上按照人类的模式进行语言组织与学习，智能面试在人机交互问答的模式下进行。系统按照设定的场景向求职者提出问题，从而了解求职者的真实情况及意图。收到面试通知的求职者可在任意的时间和地点通过计算机客户端或手机APP启动面试程序。面试的过程系统会全程记录并从中选取出所需的数据。

①知识库训练。训练知识库能够提高智能机器人的语义分析能力，从而提升匹配精度。系统基于Encorder-Decoder模型创建智能机器人，选取已保存的面试交流语音为样本对其进行训练。训练的过程是基于神经网络进行的，通过模式识别、

深度学习等技术提高了系统的语义解析能力和自主学习能力。训练的目的是创建新的知识库及丰富已有知识库,将有关学历、技能、经验和敬业度等多种信息转换为量化的数据。

词库访问是通过倒排索引和多模式匹配两种方式实现的,词库中包含多个主题数据模块,匹配是面向模块进行的,因此词库访问的速度得到了提升。

为了解决智能机器人进行人机交互时的上下文机制问题,在 Encorder 过程中对基于上下文生成的 Context 信息和实时 Message 同时进行编码,从而保证在 Decoder 过程中能够按照上下文信息创建对应的 Response 应答。而对于个性信息归一化的问题,智能机器人可以创建一个代表不同身份或交流风格的对话助理,交流对象所表达的个性化信息借助 Word Embedding 进行描述,通过不同对话助理的选择实现个性信息的归一化。

②主动提问。智能机器人能够使用文本信息与求职者进行交流,避免语音交流的识别错误且可以清晰地表达提问的内容。同时,智能机器人系统中载有人工招聘过程中经常被提出的问题,除此之外,机器人还可以根据简历信息进行针对性较强的提问,以此获取更多的求职者信息。

智能机器人能够向求职者提出问题并记录其给出的答案,提问的过程是高效的,只就与岗位有关的信息进行提问,对于求职者的专业能力考察,会根据求职者对当前问题的应答情况动态选择下一个问题,进而以最少的提问量获取尽可能多的信息,并根据这些信息对求职者的专业能力进行评估。

③应答匹配。系统利用这一功能对求职者的提问进行反馈,求职者通过语音提出问题,系统进行语音解析并分析语义,再从数据库中搜索与之匹配的答案,在这个过程中,语音解析是基于自然语言解析技术(Natural Language Processing, NLP)完成的,其具体流程如下。

A. 求职者提出问题,并在人机交互界面将系统自动辨识的提问文本信息进行简化处理,去除冗余信息。

B. 系统进行自然语言解析和文字分切,将语句分割为词组并为其分配权重,基于综合权重均衡算法从知识库中提取出包含最优答案的文档块,结合分词处理的结果判断是否存在歧义或空值,若存在,则通过深度学习进行化解或补充。

C. 重复分词和答案搜索环节直至提问的语句全部处理完毕。组织最精准的回答语句向求职者进行反馈。

第三节　劳动权益与维护

一、大学生就业中的劳动关系

随着社会不断发展，企业对于人才的要求也在不断上升，许多大学生都会选择参与大企业的实习招聘，在工作的同时积累经验，快速实现由校园到职场的转变。为切实维护好大学生毕业实习过程中的权益保护，企业应按照招聘要求和相关法规与大学生订立劳动关系，这也是进行劳动仲裁的重要依据。部分企业通过规避合同、延长工时等方式不公平对待实习生，侵犯了实习生的劳动权益，应由政府部门统一牵头，联合高校共同开展大学生毕业实习权益保障工作。

（一）实习劳动关系判定

1. 法律角度分析

大学生的毕业实习行为从法律角度上来分析，属于学生自主性的劳动行为，相较于学校组织提供的实习，其就业的性质更加突出。一般参与毕业实习活动的多为大四学生，尽管其还没有完全地脱离学校，但是实习生和企业之间有着管理与服从的法律关系，且双方都属于自愿形成的从属关系，从法律的角度来看双方就已达成了劳动合作。根据《劳动法》当中规定的参与劳动者的年龄限制为16周岁，显然大学实习生完全符合这一条件，即双方的劳动关系合作行为应当受到《劳动法》的保护。

2. 经济理论支撑

从经济理论的角度来看，大学生在实习的过程当中为企业在一定程度上创造了工作价值和经济效益，而相应的企业通过劳务支付的方式向实习生购买了其劳动，这在经济角度上来看属于一种确定性的雇佣关系，即大学生的毕业实习过程就是一种受到《劳动法》保护的劳动行为。在劳务关系的从属性判断上，企业和实习生之间存在着财产性的双重关系，这是对其劳动关系判定的重要依据之一，也能够以此为依据确立双方之间的劳动合作

（二）劳动权益受侵害的情况

1. 实习报酬偏低

大学生在参加毕业实习活动过程当中的劳动报酬比例明显偏低，和正常的就业市场薪资相比，大学实习生更偏向于廉价劳动力。一些企业甚至广泛招纳实习生，人数编制超出了正常员工，以降低企业的人工成本支出。大学生在遇到过低的薪酬待遇时往往处于被动状态，这种沉默化的态度也在一定程度上刺激了这类企业对其合法权益的侵害。

2. 加班现象严重

由于大学实习生的年纪普遍偏轻，一些企业会将过重的工作压力投放在实习生身上。许多实习生在初次接触工作时不能较好地掌握方式方法，这也导致了其日常工作效率偏低的问题，无形中导致实习生工作工时被延长，整个行业当中的加班现象较为严重。一些加工厂类的实习工作会将大学生安排值夜班岗位，工作的内容机械化重复，且没有像正式员工一样给予夜班补助或加班费，导致实习生在参与工作过程当中并没有和本专业的学习内容相结合积累相关工作经验，实际的实习期望打了折扣。

3. 工伤判定困难

对于一些工科类专业的学生在寻找实习工作时往往会进入到工厂。但由于大学生在毕业实习过程当中没有参与工伤保险，在对其伤害的判定和赔付上存在很大空白，甚至会给一些大学生的家庭带来毁灭性地打击，这也是切实维护大学生在实习劳动过程当中安全保障的重要内容之一。

（三）劳动权益受侵害的原因分析

1. 法律维权意识薄弱

大学生在参加兼职和就业实习的过程中，维权意识和自我保护意识较差，其合法权益容易受到侵害。有些大学生在兼职和就业实习期间，即使自己的合法权益受到了侵害，也难以识别自己的劳动权益是否受到了侵害，或知道自己受到侵害却不会通过正确的法律途径去保护自身合法权益。

2. 劳动市场供过于求

近年来，随着高校不断扩招，大学生数量不断增加，越来越多的大学生数量使劳动市场出现供过于求的态势，高校大学生的就业压力日益凸显。高校大学生刚步入社会，没有丰富的社会经验，也没有足够的抗压能力，在就业中难以完美应对各类事件，因此用人单位对高校大学生的要求普遍较为苛刻，导致大学生的劳动权益即使受到侵害也只会保持沉默。

3. 权益保障法律不健全

目前，与大学生在就业实习期间相关的劳动权益保障法律法规体系有还待完善，大学生在就业实习期间对自身合法权益的维护缺乏精准依据。

4. 就业平台有待完善

一边是大学生的数量逐年增加，一边是社会没有及时为大学生创造更多的实习机会，导致其缺乏实习经验，增加了其就业难度。为此，很多大学生心态受到影响，自我预期降低，甚至引发了盲目求职，导致从事的工作与其所学的专业知识和掌握的专业技能不吻合，其专业水平难以发挥，造成了人才的浪费。同时，部分高校对大学生的毕业实习缺乏重视，一些大学生的实习效果不理想，甚至没有实习经历。所学技能与工作不吻合的情况，也加剧了大学生劳动权益受到侵害的现象。

二、大学生基本劳动权益

（一）五险一金的内容

什么是五险一金？所谓五险一金是国家要求企业必须要给员工缴纳的养老保险、医疗保险、失业保险、工伤保险、生育保险和住房公积金，简称五险一金。五个保险统称为社会保险，但2019年3月25日，《国务院办公厅关于全面推进生育保险和职工基本医疗保险合并实施的意见》发布，"参加职工基本医疗保险的在职职工同步参加生育保险，生育保险基金并入职工基本医疗保险基金，统一征缴，同时确保职工生育期间的生育保险待遇不变"，也就是我们常说的五险一金合并为四险一金了，不过，为了便于理解，本章仍是将其独立出来讲解。所以五险一金就是我们常说的社保和公积金。

我们从学校到职场，只身闯荡社会，难免会面对生病住院、租房买房、结婚生子、意外受伤、跳槽失业到年老退休。作为一个独立的社会人，需要承担的风险甚高，仅靠我们一己之力还是势单力薄，所以国家通过法律规定企业必须给员工缴纳五险一金从养老、医疗、住房、生育、工伤和失业六个方面为我们保驾护航，用整个社会保险体系为我们规避了基础风险，伴随我们整个职业生涯。作为职场新人很有必要逐一了解下五险一金。

（1）养老保险

养老保险，顾名思义就是为了解决大部分人的基础养老问题而产生的。过去中国靠养儿防老，随着社会发展，单纯地靠家庭养老的方式已然满足不了现实的养老需要，它可以在我们退出劳动岗位后保障老年人的基本生活需求，为其提供稳定可靠的生活来源。

（2）医疗保险

这里的医疗保险一般指基本医疗保险，是为了补偿疾病所带来的医疗费用的一种保险。通过用人单位与个人缴费，建立医疗保险基金，参保人员患病就诊发生医疗费用后，由医疗保险机构对其给予一定的经济补偿。基本医疗保险制度的建立和实施集聚了单位和社会成员的经济力量，再加上政府的资助，可以使患病的社会成员从社会获得必要的物资帮助，减轻医疗费用负担，防止患病的社会成员"因病致贫"。

（3）生育保险

生育保险即当劳动者因生育子女而导致劳动力暂时中断时，由国家和社会及时提供医疗服务、生育津贴和产假，其宗旨在于通过向职业妇女提供生育津贴、医疗服务和产假，帮助他们恢复劳动能力，重返工作岗位。凡是与用人单位建立了劳动关系的职工，包括男职工，都应当参加生育保险。

（4）工伤保险

生活处处有风险，工伤保险就是当劳动者在工作中或在规定的特殊情况下，遭受意外伤害或患职业病导致暂时或永久丧失劳动能力以及死亡时，保障劳动者或其遗属从国家和社会获得一定的物质帮助。

（5）失业保险

现在已经不是一个工作可以干一辈子的时代了，职场的竞争压力大，末位淘汰、企业优化，有时干着干着不小心从业人员变成了待业人员，又要开始新一轮找工作。这时候失业保险就可以发挥作用了，它是由社会集中建立基金，对因失业而暂时中断生活来源的劳动者提供物质帮助进而保障失业人员失业期间的基本生活，促进其再就业的制度。

（6）住房公积金

住房问题一直是中国人面前的一座大山，住房公积金制度是一种住房保障制度，是住房分配货币化的一种形式。它是指国家机关、国有企业、城镇集体企业、外商投资企业、城镇私营企业及其他城镇企业、事业单位、民办非企业单位、社会团体及其在职职工缴存的长期住房储金。

（二）五险一金的保障

（1）养老保险，老有所养

养老保险，工作时每月缴费是为了之后退休养老作积累。养老保险待遇主要有三个方面：第一个最明显的就是退休后按月领取养老金；第二个是死亡后遗属可以领取丧葬补助金和抚恤金；第三是参与每年的养老保险待遇上涨，这一点看似简单其实很重要，由于社会上职工工资的上涨、物价的上涨以及通货膨胀等因素，钱会越来越贬值。所以，国家建立了养老金的调整机制，每年提高养老保险的待遇水平。目前，养老金已实现15年连续增长。

想要在退休之后顺利领取养老金必须满足三个条件：第一，职工达到法定退休年龄；第二，养老保险累计缴费年限满15年；第三，已经办理退休手续。既然累计满15年就可以领取，那"养老保险缴费满15年就不用再缴费"这种观点正确吗？这是不正确的，"养老保险缴费满15年"这是办理退休并享受按月领取养老金待遇的必要条件之一（缴费不满15年的将一次性结算）。退休金水平的高低与缴费年限和缴费数额直接挂钩，即缴费时间越长、缴费金额越多，养老金水平也越高，差别主要在于个人账户养老金部分，中断缴费的时间不计作缴费年限。所以养老金是多缴多得、长缴多得，即使满15年了还是需要再持续缴费的，不同年限对于最后领取养老金数额差别还是很大的。

（2）医疗保险，病有所医

医疗保险指的是基本医疗保险，是五险当中最有价值的保险，毕竟看病贵是公认的，而伤风感冒生病住院在普通人生活中不可避免会遇上。基本医疗保险包括城镇职工基本医疗保险、城乡居民基本医疗保险，两者选其一进行参保。当地行政区域内的职工和当地灵活就业人员，可以参保城镇职工基本医疗保险；城镇居民和乡村居民、学生等，参保城乡居民基本医疗保险。它跟我们生活息息相关，关系到我们住院报销以及门诊、大病待遇。

医疗保险分两个账户：个人账户和统筹账户。个人账户用于支付门诊医疗费和按规定由个人负担的其他医疗费。个人账户不足时，职工个人用现金支付。个人账户为职工个人所有，可以结转使用和继承，相当于在银行的存款，但不得提取现金，不得透支或挪作他用。基本医疗保险统筹账户由医保中心统一管理，用于支付住院医疗费和指定病种门诊医疗费的补助。

（3）生育保险，修养"生"息

生育保险，可能是大部分女性员工非常关注的一个保险了，它主要涵盖三个部分的内容：产假、生育津贴和医疗服务。

首先，产假一般规定：(1)女职工生育享受98天产假，其中产前可以休假15天；(2)难产，增加产假15天；(3)生育多胞胎，每多生育1个婴儿，增加产假15天；(4)怀孕未满4个月流产的，享受15天产假；(5)怀孕满4个月流产的，享受42天产假；(6)晚育产假，由各省、自治区、直辖市根据本省计划生育条例规定。例如，上海的情况根据《上海市女职工劳动保护办法》第十四条规定，简化下就是：98天＋30天（生育假）＋15天（难产）＋15天（多胞胎每多生一个婴儿）。其次，生育津贴就是以前所说的产假工资，生育津贴的领取金额＝企业当月平均缴纳工资金额/30×产假天数，单位交纳的社保生育险基数越高，领的生育津贴越高。假设余方生宝宝之后，休了98天产假，企业当月平均缴纳工资金额为8000元，那余方就能领到26133.33元，而且生育津贴是不用交税的。最后，除了产假和生育津贴外还有医疗服务，这个部分主要是可以报销一些生育相关的医疗检查、治疗费用，如检查费、接生费、手术费、住院费和药费，甚至是因为生育而引起的疾病，都可以由生育保险基金支付。但是要注意，这部分的费用是有限额规定的，超出规定的部分就需要职工自己负担了。

那男性缴纳生育险有什么用？虽然男性不能直接使用生育险，但是如果配偶有工作的话，男性可以享受10日的护理假津贴（依各地区规定为准）。津贴支付标准，按其配偶生育的上一个月用人单位为其缴纳生育保险费的基数除以30日计算。如果配偶没有工作无生育险的话，可以使用丈夫的生育保险，享受生育保险50%的待遇。

（4）工伤保险，伤有所责

针对工作中的意外事故、一些危险性较高或容易得职业病的职业，工伤险是非常必要的。工伤险是五险一金中强制性最高的，即使用人单位未为职工缴纳工伤保险，根据《工伤保险条例》第六十二条"照本条例规定应当参加工伤保险而未参加工伤保险的用人单位职工发生工伤的，由该用人单位按照本条例规定的工伤保险待遇项目和标准支付费用"，用人单位仍需按相关标准支付费用。赔偿的项目上看，工伤保险的保障非常全面，伤残津贴、治疗费、误工费、护理费等，几乎能想到的损失都有补偿，但它的局限性也很明显，只赔偿工伤的情形。如果是在工作场合之外发生的意外或疾病，不能认定为工伤的，这时候就需要用到社保中的医疗保险了。那究竟什么才能算工伤？一般有以下几点：①在工作时间和工作场所内，因工作原因受到事故伤害的；②工作时间前后在工作场所内，从事与工作有关的预备性或者收尾性工作受到事故伤害的；③在工作时间和工作场所内，因履行工作职责受到暴力等意外伤害的；④患职业病的；⑤因工外出期间，由于工作原因受到伤害或者发生事故下落不明的；⑥在上下班途中，受到非本人主要责任的交通事故或者城市轨道交通、客运轮渡、火车事故伤害的；⑦法律、行政法规规定应当认定为工伤的其他情形。

（5）失业保险，"失"有所助

市场竞争日趋激烈，企业效益不景气，职场生存愈发不易，一不小心从业人员变成待业青年在职场中也常有发生。据我国2019年统计年鉴数据显示，2014—2018年我国城镇登记失业人数都在952万~982万人之间，城镇登记失业率3.80%~4.09%之间，基本上每至少有近千万人失业，此时失业保险可以发挥作用。当然不是所有没有工作的人都是失业人员，失业保险规定的失业人员需满足三个要求：非因本人意愿中断就业；已办理失业登记，并有求职要求；按照规定参加失业保险，所在单位和本人已按照规履行缴费义务满1年，方可享受失业保险待遇。

虽然可以在失业期间享受失业保险待遇，但还需尽早找到新工作，各地的人力资源和社会保障局一般都会举办各类职业技能培训，失业人员可以免费参加，建议待业期间可有针对性地提高技能水平，早日重新就业。

（6）住房公积金，居者有其屋

住房问题一直是困扰中国年轻人的难题，自古以来，无安居，不乐业，正如白居易诗中所述，"且求容立锥头地，免似漂流木偶人"，房子意味着部分的归属感和安全感，是很多人辛苦工作的目标，而住房公积金在一定程度上为解决职工居住难题提供了一定的保障。住房公积金是职工工资福利待遇的一部分，单位和个人每月缴费存入住房公积金账户，像是为今后买房进行的强制储蓄。住房公积金最主要的作用就是在购房时进行住房公积金贷款，其利率相较于商业贷款会低很多。按时足额缴存住房公积金的借款人，在购买自住住房时，以其所购住房或其他具有所有权的财产作为抵押物或质物，或由第三人为其贷款提供保证并承担偿还本息连带责任，申请以住房公积金为资金来源的住房贷款。个人住房公积金贷款最长期限：新建商品房为30年、二手房为20年。且贷款期限加上借款人借款时的年龄不得超过借款人的法定退休年龄，特殊工种的，按实际退休年龄计算。若是异地求学的（指全日制学习）、出国（境）定居、提前还清贷款本息的、一次性付款购买自住住房等情况还可以申请提取住房公积金。同时，对租房一族，公积金也可以提取出来用于支付房租，减轻生活压力，租房的类型既可以是市场租房，可以是政府配租或者招租的经济适用房。

三、大学生劳动权益的维护

《中华人民共和国劳动法》(以下简称《劳动法》)是对劳动者最基本的保护。大学生通过就业实习可积累实践经验,增加自身的社会阅历,进而适应社会生活,为自身今后的发展奠定扎实的基础。然而,目前大学生在兼职和就业实习期间被侵权事件频频发生,社会各界应对大学生兼职和就业实习期间劳动者权益被侵犯事件提高重视。因此,用《劳动法》保护大学生劳动权益的策略实施迫在眉睫。

(一)增强大学生法律意识

为了避免大学生在兼职和就业实习期间的劳动权益受到侵害,高校不仅要重视对大学生专业技能和专业知识的教学,还要培养其法律意识和自我保护意识,提高其法律素质,使其在兼职和就业实习期间能够利用相关法律法规有效保护自身的合法权益。为此,高校要进一步加强对大学生进行《劳动法》的普及教育,增强大学生对自我劳动权益的维护意识,指导大学生学习与劳动关系有关的法律法规,如《宪法》《合同法》等,使大学生通过对相关法律法规和就业政策的了解,有效维护自身的合法权益。另外,高校要加强对大学生的就业指导,以此提高大学生的专业技能与就业岗位的匹配程度,积极为大学生在就业实习期间遇到的问题提供职业咨询、就业指导、信息推送等服务,助力其实现理想就业。

作为新时代的大学生,在进行就业之前应该树立一定的法律意识和自我保护意识,了解基本的《劳动法》规定要求之后再参与到实习活动中,减少出现自身权益受侵害的概率。高校应该重视大学生参与实习活动这一现象,对于大三、大四的学生可以开展一些就业指导和法律咨询的课程,当学生在遇见一些不明朗的就业问题时可以及时得到帮助。辅导员等也要关注学生的动态,及时了解学生的毕业实习发展情况,若存在权益受侵犯,应由学校出面进行调解,并做好对学生思想认知上的教育。

例如订立劳动合同,在大学生的就业期间和所属的企业之间形成了一种法律和经济上的从属关系,企业需要向其支付一定的报酬来换取实习生的劳动力,这是一种与《劳动法》当中规定相符合的一种现实情况。尽管大学生在就业期间的工作和正式员工存在内容、强度等方面的差异,但是这种行为依然具有有偿服务劳动的经济性,这对于双方劳务关系的确认是十分明确的。在进入企业之前,大学生应该有意识地和其签订劳动合同,各类《实习协议》《试用协议》等内容当中不应该规避这种劳动关系,切实维护好大学生就业的权益。按照《劳动法》的相关规定来看，实习生和企业之间的劳动关系属于有偿行为，在平等的行为主体原则上分析，双方的从属关系毋庸置疑。

（二）规范企业招聘程序

为了帮助大学生维护其合法权益，相关部门应根据大学生实习期间会遇到的劳动关系方面的问题，对相关法律法规进行有针对性的完善。学校、大学生以及企业可就大学生实习签订三方协议，通过细化的、明确的条款降低大学生在实习期间遇到劳务纠纷的风险，也使大学生在遇到劳务纠纷时有法可依，保护自己的合法权益不受到侵害。有关部门应督促用人单位在聘用大学生实习过程中遵守劳动法规，积极为大学生创造良好的就业环境，使其增进技能，实现更好的就业。另外，高校可对用人单位制定声誉评价机制，其评价标准，既要结合用人单位与大学生签订的实习协议内容来看，也要结合用人单位是否履行了劳动关系中相应的责任和义务等方面来看。

另外，也要加强企业监督。针对一些大学生毕业实习过程中报酬偏低、劳动强度大等问题，政府主管部门必须提高监督力度，协同各方力量督促做好大学生实习权益保障工作。教育部门属于高校的主管单位，劳动委员会对于企业的实习招聘具有监督职责，双方联系、各司其职能够促进管理工作的完善性。按照《劳动法》的相关规定和要求，政府部门可以依法审查企业的实习招聘、协议合同和执行情况，对于一些有侵犯权益的企业要依法进行处罚，严重者可以通过公示或纳入失信系统的方式进行警告。教育和劳动部门在管理时也要关注一些中介机构，对其资质和工作情况等进行有效监管，从媒介渠道上规范大学生的毕业实习过程。相应地对于一些实习招聘表现较好的企业，也可以通过财税补贴的方式予以支持，并通过实习转就业的方式来缓解就业压力。

（三）健全相关法律法规

目前，我国对大学生实习过程中的劳动合法权益维护还有一些细节内容有待进一步完善，因此，国家有必要围绕大学生实习过程中可能产生的劳动纠纷，在《劳动法》等相关法律法规中增加更加明确以及详细的条款，以此规范企业与大学生在劳动关系中的责任与行为。一旦发生劳务纠纷，大学生也可有法可依，能够依法维护自身的合法权益。同时，相关部门也应督促、监督用人单位完善大学生在见习期或试用期的人事制度，充分保障其合法权益。另外，相关法律法规对大学生劳动权益的保护不应只体现在就业过程中，还应针对大学生就业前与离职后的阶段制定合理的政策，规范用人单位的招聘行为，为大学生营造更好的求职环境。

根据《劳动法》规定，对于大学生就业实习时的劳动关系确认是维护大学生个人权益的关键点而由于大学生在就业实习期间仍然属于在校生的行列，一些企业会根据"勤工俭学不属于劳务关系"这一规定来规避己方的责任，将毕业实习的行为视为勤工俭学，甚至不与大学生签订劳动合同，导致在出现仲裁争议时需要结合不同的案例的实际情况来进行分析。而由于这种钻法规漏洞和侵犯大学生实际权益的现象屡禁不止，法院在进行裁定时的工作量明显偏高，但对于法官的劳务关系判定经验有较高的依赖性，导致实际权益保障的成效性不够明晰。政府部门要正确认识到社会发展现状，在提前参与毕业实习，大学生人数逐渐攀升的背景之下，深化法律法规当中的保障性条款更有利于从源头上解决大学生毕业实习时的劳动权益侵犯问题。

（四）完善大学生就业平台

高校不断扩招，大学生的数量也在逐年增加，高校要想帮助大学生顺利就业，就必须为其打造良好的环境、提供更多的就业渠道。高校可指导大学生通过两种渠道寻找就业机会，一种是学校与相关用人单位进行合作，大学生可在合作的名单中选择心仪的就业单位岗位进行应聘，另一种是大学生自主就业、创业。对于与高校合作的用人单位，高校可与其签订合作协议，明确规定用人单位和大学大学生双方的责任和义务，保障大学生的合法权益。大学生在自主就业创业的过程中，也要依据《劳动法》对与用人单位签订的劳动协议内容进行明确，避免日后产生劳务纠纷。另外，高校要定期对大学生进行《劳动法》的普及教育，使大学生充分了解《劳动法》对自身合法权益的保护作用，并提高法律意识和自我保护意识。

（五）构建社会保险机制

根据数据统计得知，在每年参加毕业实习的大学生中有30%左右受到了不同程度上的权益伤害，而对于大学生毕业实习期间的工伤认定空白导致了学生的权益没有得到有效维护，且由于没有交纳社保导致学生无法得到工伤保险的赔付。政府部门应该充分发挥大学生责任保险的优势来加强对其保障效果，并减少因为毕业实习伤害而引起的高校、企业之间的推诿扯皮。实习风险应该纳入大学生强制保险的范围当中，更好地应对更加庞大的实习生数量。2009年由国家主管部门推出的大学生责任保险规范充分考虑到了学生参与毕业实习时的一些问题。通过十余年的时间应用实践发现，实习生的工伤赔付和救助问题得到了明显改善，也使得更多的企业在招聘实习生时考虑到了社会保险机制。

（六）引入高校三方协议

高校对于大学生的毕业实习应该做好管理工作，通过三方协议的方式来强化大学生和实习企业之间的劳务关系，做好对学生权益的保障工作。大学生参与实习时大多在大三大四，根据其在校生的身份，学校有义务要帮助学生处理好毕业实习过程当中的各项问题。将高校、企业和学生个人联系在一起，有效地将劳动雇佣关系转化为一种法律协议，对实习过程当中的权责划分也更加明晰。在引入三方协议时要对大学生实习过程中的时长、薪酬和权益保护等做出规定，将大学生的毕业实习行为从社会性质转变为了法律性质，有效提升保障力度。三方协议是一种重要的保护机制，企业不得因此对大学生的就业实习构成限制，要参照相关法规的要求严格落实。在广州、南京等地已经推行了大学生的毕业实习条例，这也是保障三方主体权益的重要手段之一。

（七）尊重学生主权

高校大学生作为独立主体是具备受教育权和劳动权的，高校不得因为规避大学生毕业实习过程中的相关责任而限制其参与相关活动，这对于大学生的主权存在了一定的侵犯。在大学生参与毕业实习的过程中，主要目的并非通过劳动换取报酬，更重要的是在实习过程中获取工作经验等，这也属于大学生受教育权的一部分。按照《教育法》的相关规定，企业有为学校组织学生实习提供帮助的义务，对于参与上岗实习的需要给予学生一定的劳动报酬，在大学生实习过程中的平等权、知情权等都应该做好保障。根据这一规定，企业对于实习生不仅产生的劳动关系，还有一定的教育和管理关系，在组织上岗实习的过程中，企业必须充分尊重学生的劳动权，合理控制工作量并给予其一定的休假。

总之，对于高校大学生的就业实习劳务关系判定依照《劳动法》依然缺乏较为明确合理的规定，在实际中有许多企业并不和实习生签订合同，导致劳务关系的仲裁判定差异较大。作为政府部门必须重视这一现象并考虑完善法制建设，切实维护好大学生的毕业实习权益。高校可以开展就业指导和法律咨询活动来提升学生的自我保护意识，并利用三方合同签订的方式来规范劳动关系。政府部门可以引入社会保险机制来规避大学生毕业实习的损失，使权益保护更具有可行性。

四、《劳动法》对大学生劳动权益的保护作用

大学教育的主要目的是让学生获得某类专业技能和理论知识，使其能够更快

地融入相关行业,并利用掌握的专业技能和知识自食其力,自主获得经济来源,并为社会发展贡献力量。现如今,一些大学生在毕业后没有明确的目标,使自己陷入迷茫,不懂得如何根据自身的专业能力和专业知识选择适合的工作,往往是只要有工作机会,就立即与用人单位签约,或不重视劳务合同的内容和条款,或对劳务合同中的法律陷阱无法识别,导致其无法维护自身的劳动权益。因此,高校在对大学生进行专业知识和专业技能教学时,也要引导其学习《劳动法》相关内容,使其在步入社会后能通过法律维护自身权益。

大学生在大学期间,不仅要学习专业知识和专业技能,还要主动学习一些法律常识以保护自身的利益。据有关调查结果显示,我国大学大学生数量连年增长,其在就业期间发生的劳动争议事件也呈现高速增长态势。因此,大学生要主动了解和掌握《劳动法》当中的基本条款和内容,明确自身在劳动关系当中的权利与义务,能够用相关法律法规保护自身在劳动关系中的合法权益。高校对大学生开展《劳动法》教育,可以使大学生在毕业后参加就业实习签订劳务合同过程中,不仅能看懂劳务合同中的具体条款和关系,而且能针对劳务合同中的不合理条款提出异议,避免劳动争议的发生,即使大学生在兼职和就业实习期间发生了劳动争议,其也可以运用《劳动法》保护自身的合法权益。

综上所述,劳动法能够切实保护劳动者的劳动权益,高校要组织、引导大学生学习《劳动法》,提高其法律意识和自我保护意识。另外,高校还应完善大学生就业平台,为其就业提供保障,相关部门也应健全相关法律法规,规范用人单位的招聘行为,助力大学生就业,保障大学生的合法劳动权益。

第三章　大学生创业综述

大学生就业压力日益增大，为了缓解大学生就业压力，国家鼓励大学生进行创业。本章将围绕大学生创业与自我认识、大学生创业现状与创业政策、大学生创业途径与流程、大学生创业模式与创业风险展开论述。

第一节　大学生创业与自我认识

一、创业综述

"创业"作为创立新的更高更好基业的思想、意识和精神，在我国具有悠久的文化历史传统，而且对创业具有社会群体分类追求的特征，以及优质的"创业"思想品质和价值导向。帝王将相政治家群体追求的是"君子创业垂统"，知识分子群体追求的是"为天地立心，为生民立命，为往圣继绝学，为万世开太平"和立德、立功、立言"三不朽"的创业品格，商业家群体追求的是"智以灵变，勇以决断，仁以取予，强以攻守"的经商品质。在中国历史上，中国商人群体是富有开拓精神和"仁义诚信"道德品质的，丝绸之路的开辟和中国GDP一直处于世界前列离不开商业群体的创业精神。中国平民社会也是讲究"成家立业""不吃老本"这一人生价值标准的。近代西方工业革命兴起，"创业"融入了现代科技革命要素之后，我国的"创业"文化具有了现代工业社会创办实业和科技创新的文化特征。

现行高校创新创业教育教材或相关学术研究成果把"创业"概念的提出归于奥地利经济学家熊彼特和"创业教育之父"杰弗里·A·蒂蒙斯。熊彼特认为创业者首先为创新者，"创新"就是把一种新生产要素和生产条件的"新组合"引入生产体系，包括引进新产品、引入新的生产方法、开辟新的市场、控制原材料或半成品的新来源和建立工业（企业）的新组织五种情况[1]。蒂蒙斯从教育学的视角给"创业"下的定义更倾向于一种思想方法，认为"创业是一种思考、推理和行为方式，这种行为方式是机会驱动、注重方法和领导相平衡"[2]。西方的"创业"话语是带经济属性的概念，Enterprise一词可以翻译成"企业"。因此，在现代工业社会，"创业"具有鼓励自主创办企业的价值导向，强调以"创新"为基础，"创新"标识了创业的方向性，倡导的是高层次和高水平的创业，尤其是在高科技领域自主创办企业，这和中国传统"创业"思想具有很大的差异。

随着全球创业和创业教育的发展，创业的内涵和类型越来越丰富，欧盟发布的《创业能力框架》，把创业定义为"对机会和想法有所行动，并将这样的行动转化到他人的价值中""不仅包括自主创业和开办公司，而且包括企业内部岗位创业、社会创业、绿色创业和数字创业等多种类型的创业形式"[3]。理查德·韦伯对创业的定义进行了梳理和研究，认为比较有代表性的定义有："夏皮罗（Shapiro，1975）认为创业是一种行为，需要主动性；能够意识到或运用社会经济机制，将资源和局面整合；接受风险和失败的能力。加特纳从行为研究法（Behavioral Approach）视角出发，认为创业是个体创办企业的行为。史蒂文森（Stevenson，1989）等学者提出的定义主要与寻求机会有关：创业是个体——无论是独立创业还是在企业内部——在不考虑现有资源的基础上寻找机会的过程。该定义认为创业并不局限于创建企业，创业在企业内部也能够发生，这就引出了'内部创业'（Intrapreneurship）的概念"[4]。我们可以再自然延伸，创业活动并非只发生在创建企业和企业内部，在社会各行业各岗位，甚至家庭的经营建设中都存在"创业"，"创业"是一种生活和工作的态度、意识、观念、行为和精神状态。在美国高校，通常认为创业包括三种类型："一是创办一个企业；二是'内创业'（Intrapreneurship），即'岗位创业'；三是'社会创业'（Social Entrepreneurship），即'公益创业'"[5]。目前，国内外"创业"的概念和含义越来越接近中国传统文化中"建功立业""开拓创新"的含义。

二、创业者的素质

"大众创业、万众创新"是我国的国家战略，青年由于知识和技能较多、年

---

[1] 邓佐明.大学生创新创业技巧与实践[M].北京：北京交通大学出版社，2018.
[2] 黄俊，冯诗洪.创业理论与实务：倾向、技能、要素与流程[M].北京：清华大学出版社，2015.
[3] 顾明远，鲍东明.创新创业教育研究：国际视角[M].上海：上海教育出版社，2019.
[4] 理查德·韦伯.创业教育评价[M].常飒飒，武晓哲，译.北京：商务印书馆，2017.
[5] 王占仁.创新创业教育的核心要义与周边关系论析[J].国家教育行政学院学报，2018（01）：21-26.

轻有活力，应该成为我国创业的主力军。尽管我国创业环境日益改善，但真正创业的青年比重并不大；其中最重要的原因就是缺乏具备潜在创业素质的人。

（一）创业者的素质构成

根据1973年麦克利兰（D.C.McClelland）提出的冰山模型，胜任工作岗位的特征不仅包括显性的知识、技能，还包括动机、个性品质、自我形象、态度等隐性部分[1]。Chandler和Hanks认为，创业的核心素质是识别、预见并利用机会的能力[2]。Man等基于过程观提出的创业胜任力，包括机会、关系、概念、组织、战略和承诺等6个维度[3]。Shane指出，业务经验、工作经验和行业经验的积累，有利于人们对创业机会的识别和开发[4]。朱永跃等结合产业集群理论分析，构建了心理资本、关系资本和能力资本三个维度的创业人才素质模型[5]。刘沁玲认为，创新型创业人才的特征包括创新思维、能动性、冒险、想象力、洞察力、专业经验等，并从宏观、中观、微观三个层面构建了高校创新型创业人才开发的结构关系模型[6]。调查表明，创业动机、创业者社会特质（自我效能感、警觉性、先前经验和创业激情）、创业能力（社会网络能力、机会识别与开发能力、运营管理能力）和创业政策，都影响创业者的持续发展[7]。

（二）创业素质发展的影响因素

1. 传统教育观念中的性别歧视

与男性创业者相比，女性创业者的创业素质偏低；而这种创业素质的差异，与传统教育观念的性别歧视密切相关。在传统观念中，女孩应该以家庭为重，用于工作的时间和精力都很有限；最好找个稳定的工作，而不适合去搞挑战性和风险性很大的创业活动；从社会层面，目前像董明珠这样的知名女性创业者或企业家相对较少，示范作用较弱。这些都限制了广大女性青年创业素质的提高，女性青年创业者的成就动机明显较弱，就是一种典型的印证。

---

[1] D.C.McClelland. Testing for competence rather than for "intelligence"[J].American Psychologist, 1973, 28(1): 1-14.
[2] Chandler G N, Hanks S H.Market attractiveness, resource-based capabilities, venture strategies, and venture performance[J].Journal of Business Venturing, 1994, 9(4): 331-349.
[3] Man T W Y, Lau T, Chan K F.The competitiveness of small and medium enterprises: a conceptualization with focus on entrepreneurial competencies[J].Journal of Business Venturing, 2002, 17(2): 123-142.
[4] Shane S.Prior knowledge and the discovery of entrepreneurial opportunities [J].Organization Science, 2000, 11(4): 448-469.
[5] 朱永跃, 胡蓓, 杨辉.产业集群创业人才素质模型构建[J].企业经济, 2012, 31(4): 83-86.
[6] 刘沁玲.高校创新型创业人才开发的模型设计[J].学术论坛, 2012, 35(9): 191-194, 222.
[7] 冯贤贤, 李进.影响餐饮创业者持续发展的因素分析——以成都市高新南区为例[J].四川旅游学院学报, 2018(6): 39-42.

2. 学校创业教育课程功能较弱

20世纪60年代初，Schultz提出了人力资本概念，并指出正规教育是人力资本投资的四大基本手段之一[①]，它也是提升人们工作技能的最主要手段。从逻辑上看，创业素质是综合素质的重要组成部分，通过学校教育和学历提升，应该能提升创业素质。而通过跟本科及以下学历的创业者相比，发现研究生及以上学历的中关村青年创业者的创业知识高一些，创业能力差异较小，创业精神反而更低，说明更高层次的学历教育并不能显著增强创业素质。换句话说，在目前的高校教育体系中，创业教育的功能较弱。事实上，我国开展创业教育的时间较晚，尽管2012年教育部出台文件，倡导各高校尽量创造条件开设《创业基础》必修课；但很多学校受到师资不足和教学条件限制而没能开设，即使有些学校已经开课，但教学体系不完整，教学效果也不太理想，没能为广大学生提供足够的创业知识和创业能力储备。访谈中，绝大多数青年创业者没上过创业相关课程；只有几个曾选修过"创业基础"，但印象已经不深。

3. 专业教育的实用性不足问题

专业知识是专有人力资本的基础，不同学科所学到的知识和工作技能决定着未来的职业发展方向。理工类高校的学生会掌握更多的实用技术、更懂技术创新，经管类大学生更熟悉市场规律与经营管理；而创业更强调技术运用与创新以及市场运营，故理工类和经管类大学生应该更具有创业的专业优势。有学者认为，理工类大学生的创业知识最少、创业能力最低，经管类学生的创业知识有很微弱的优势但创业特质和创业精神最弱，即他们所学的专业知识没能为创业提供很好的支撑。这既说明创业教育有独特的教育体系、专业教育代替不了创业教育，也表明目前高校专业教育的实用价值被打了折扣，与社会对实用人才的要求存在着一定的差距。

三、创业者的自我认识

在创业前，大学生创业者要进行充分的自我认识，明确自己的优点、缺点，知道自己所处的环境以及当下最需要的东西。下面就具体讲解大学生创业前自我认识的相关内容。

（一）我有哪些能力

认识到"我是个什么样的人，具有什么样的能力和性格特征"是自我认识中

---

① Schultz T.W.Investment in Human Capital[J].American Economic Review, 1961（51）: 1–17.

最难的一项。每个人都有优点和缺点，只有真正了解自己的优势，客观认识自己的不足和缺点，才能明确自己是否适合创业，才能在创业过程中扬长避短，充分发挥自己的才智。

（二）我该怎么做

在明确了自己的特点、能力之后，大学生创业者还需要制订有针对性的策略，明确自己应该怎么做才能取得创业的成功，具体可以从以下三方面入手。

1. 找准目标并拉近距离

大学生创业者要想创业成功，首先要转变自己的心态，要以企业家的标准来要求自己，使自己逐渐具备企业家的魄力、思维模式、洞察力及分析处理事务的能力。

另外，大学生创业者还应该将自己目前所拥有的和将来自己想要达到的目标进行比较，明确二者之间的差距，将差距转化为动力，并通过不断学习和积累经验慢慢缩小差距。

2. 建立良好的人脉关系

人脉代表了创业者构建的人际网络或社会网络，良好的人脉关系可以帮助创业者减少创业过程中的阻力。因此，人脉是创业过程中非常重要的资源。下面就介绍一些大学生拓展人脉资源的途径。

（1）加入学生会。在大学中，几乎每个学院都有校内特别设立的学生会。打算创业的大学生可以加入学生会，这样不仅可以锻炼自己的综合能力，还能结交一些有能力的学生和老师，从而积攒人脉资源，为今后的创业打下基础。

（2）参加志愿者活动。大学生可以利用课余时间多参加一些志愿者活动，这样就可以结识一些社会中的朋友，从而培养自己的人际交往能力。

（3）参加竞技比赛。大学生应多参加一些校内外的竞技比赛。这是认识新朋友的大好时机，也是展现自我的机会，还能认识很多志同道合的人，这样人脉圈就会越来越大。

（4）从事兼职工作。越来越多的大学生利用寒暑假兼职，不仅可以赚取零花钱，还能早些融入社会，锻炼自己为人处世的能力，同时还可以结交到更多的朋友，充实生活。大学生从事兼职工作对其快速成长和扩充人脉是非常有利的。

3. 做好创业前的心理准备

大学生创业者在进行创业前，应该有充分的心理准备，不要因后期的压力或挫折就半途而废；要有坚定的信心，不畏惧创业过程中遇到的任何困难，用坚韧的毅力和不懈的努力来战胜各种挫折。

四、创业者学习的领域

大学生创业学习有助于对自我形成一个清晰的定位与认知，对促进创业成功也有极大的帮助。

（一）认知领域

认知学习是构建知识结构的保证。认知学习的概念范围非常广，有广义狭义之分。广义上整个创业过程中都存在认知学习，包括对各阶段各环节的认知，如技术创新认知、团队管理认知等技能性知识。还应包括关于"创业为什么好"的价值认知。学者单标安对认知学习的定义侧重在社会人的广义概念。大学生创业学习领域，广义的认知学习者主要是参加创业体验、创业实践等两类大学生。狭义上认知学习是对创业这件事本身的价值识别和价值领会，可称其为元认知，侧重在接受创业基础教育的全体大学生。对普通大学生来说，创业学习的任务主要还是解决元认知问题，创业教育体系涵盖以上三个层次的大学生。认知学习促使大学生形成相应知识的结构，完成价值塑造，培养创业精神。因此认知学习含义可概括为，通过观察创业相关事件，将各种创业信息通过认知加工过程形成涵盖价值、技能等结构化知识的过程。

（二）情感领域

体验学习是确立创业价值观的基础。大学生在体验创业情境中获得或积累知识，并对创业形成价值评价。如果说认知领域是对创业形成价值认知，那么在情感领域就进一步将创业的价值变成学习者自身的价标准，内化为自身的价值观。高校创业教育体系的优势使大学生有丰富的创业情境体验平台和环境。这种体验可以是通过创业模拟、创业比赛、创业实习等高校搭建的校内体验平台实现，也可以是通过社会兼职、校园代理、企业实习等高校倡导的校外体验途径推动。体验学习对大学生促进创业自我效能感的培养，具有独立工作和开创性学习的能力，体验商业运作实战等密切相关，体验学习是形象塑造创业价值观的必由之路。其含义可概括为学习者在虚拟或真实的创业环境中体验创业情境、积累创业资源和感知自身契合度的学习过程。学者单标安对创业学习维度的三维划分为创业学习的深入研究提供了重要的参考标准，为创业学习的主要类型提供了重要的参照。

但是其研究对象主要聚焦在具有一定创业实践经历的社会人，如果将它照搬到大学生创业学习的研究中其适切性有待商榷[①]。因此在创业学习类型的考察上，在单标安等人对创业学习的分析基础上，经过比较，增加体验学习为大学生创业学习的主要类型更符合大学生的实际。

（三）动作技能领域

实践学习是实现技术创新的载体。与社会人创业实践比较，两者均走向创业实践，在实践中应用、检验、生成创业知识。相比较，大学生有更为丰富的学科专业知识背景，也处在更善于接受新生事物的年龄阶段。无论是大学生自身的学科专业知识、学习能力，还是与高校教师或实验室技术团队的可能联系，都存在得天独厚的优势。这些优势使大学生在创业实践过程中实现技术创新更加可能。尽管大学生创业实践从刚开始的初入行业，到接近行业先进水平，再做行业问题的解决者和技术创新的领跑者，需经历先适应后创新的过程。创业实践直接检验或者产生知识，以技术为基础支撑的观点体现了大学生创业实践的技术运用和技术创新特点。同时，经验学习实际上是将创业实践者自身的实践经验转化为知识，将新知识运用到后期的创业决策和行为中，进而改变创业行为以更好地适应创业环境的过程。可以将其获得知识的过程归入实践学习，那么经验学习在大学生创业学习中可视作实践学习的内容。故大学生实践学习含义可概括为大学生在创业实践中进行知识应用、知识检验、甚至知识生成，纠正其可能存在的偏差，以实现知识积累和创新的过程。

五、创业者自我能力的提升措施

要采取有针对性的措施，全面开发广大青年的潜在创业能力，点燃推动我国"大众创业、万众创新"战略的引擎。

（一）强化创业特质为核心的早期教育

人格发展是一个不断完善的过程，基因遗传决定了人格的天性层面，人际交往和经历不断完善人格，其中家庭的影响最显著。即创业特质作为人格的重要组成部分，家庭教育，尤其是早期的家庭教育的影响至关重要。父母在子女的儿童时代就要付出更多的时间陪伴他们，帮忙他们塑造积极健康的人格和良好的创业特质，包括远大的理想和成就动机、敏锐性，注重目标导向和做事效率，并形成

[①] 单标安，蔡莉，鲁喜凤，刘钊.创业学习的内涵、维度及其测量[J].科学学研究，2014，32（12）：1867-1875.

乐观自信、吃苦忍耐等品质，为将来的可能创业打下良好的基础。针对女性创业素质较低的问题，家长要破除"重男轻女""女孩干不了大事"等落后思想，给女孩同样的关爱与鼓励，并科学育儿，促进她们健康快乐成长，并提供尽可能好的实践锻炼和体验条件，培养良好的创业特质，充分发掘女孩的创业潜能。

（二）实施创业能力导向的教育改革

创业素质高，即使不创业，也能更好地胜任单位安排的工作任务。要以创业能力作为突破口，切实推动高校教育改革，以提升人力资本投资的效率。

首先，推动专业教育改革。不论是高职教育，还是本科或研究生教育，都要及时调整课程设计，删除过时的内容，增加与时俱进、反映新时代变化的专业知识，尤其要考虑互联网经济对人才的需求变化，开展更有针对性的专业教育，通过增强专业教育的实用性，提高潜在创业者的综合素质和动手操作能力。

其次，完善创业教育体系。要加大资金投入和师资培训；普及"创业基础"必修课，确保让每个大学生都有条件接受基本的创业知识和技能教育；并针对一些有兴趣且有创业潜力的学生开展创业实训、企业管理等更高层次的课程，以提升创业和经营管理技能。另外，还要开展创新、创意、创业大赛，为大学生提供更多的模拟创业的体验机会；并提供更好的校园创业等实战条件，让大学生锻炼自己的创业能力。同时，在职业生涯规划指导和创业教育机会方面，要给女性同等的地位与待遇，避免有潜力的女性创业者被埋没。

（三）优化创业环境和创业实践教育条件

创业实践经历是开发创业素质的最有效手段，中关村国家自主创新示范区的很多先进做法，值得我国其他地方政府学习与借鉴。政府要通过加大资金投入、创业园的科学规划与基础设施建设、优惠的融资和税收政策、培养专业化的孵化器和众创空间，降低青年创业的成本和风险，吸引更多的青年开展创业活动，让他们通过"创中学"提升创业素质。同时，搭建与高校和科研机构、其他创业者交流的平台，引导他们在经验交流与火花碰撞中获得隐性的创业知识和技能。另外，政府还要从制度设计层面，引导和优化家庭教育和高校教育。一方面，实施生育补贴政策，并大力倡导育儿服务的社会化和专业化发展，完善社会保障制度，降低女性创业的社会成本，以破除家庭教育中"重男轻女"思想的社会基础，并提升年轻父母的育儿技巧，促进广大青少年的健康成长和创业素质开发；另一方面，将就业能力、创新能力、创业能力和创业率纳入教育的考核评价指标体系，促进高校实施创业能力导向的教育改革，以提升大学生的专业技能和创业素质。

第二节 大学生创业现状与创业政策

一、大学生创业现状分析

（一）大学生创业现状综述

近几年，由于我国相继出台了院校扩招的招生政策，促使大学生数量逐年上升。学生的增多虽然更有利于我国社会的发展，增加社会各领域人才资源的储备数量，也能够使更多的人接受高等级的教育，从而提升我国整体的文化素质。但在新形势背景下，大学生的创业压力也在不断增加，创业、就业环境日益严峻，竞争激烈，从而形成恶劣的社会影响。在这种情况下，科学有效地缓解大学生的创业压力，成为我国社会发展的重要任务之一。为解决这一问题，就必须提升大学生创业者的创业能力。目前，各大高校相继开设了多种新型的创业课程，并且也加大了实践培养的力度，帮助学生完成创业任务，但这还远远不够。创业是一个包含内容十分广泛的行为，这个行为由创业者主动、或被动地进行，但无论怎样，要想实现成功创业，创业者就必须拥有较高的创业能力，包括团队协作能力、学习能力、决策能力以及人际交往能力等多个方面。只有这样，才能使其在强大的创业能力的支撑下，积极应对背景形势的变化，积极做出合适的战略调整，从而应对不利风险，提高创业成功率。同时还需要帮助学生树立正确的创业观以及择业观，引导学生积极面对，帮助学生确定职业规划和人生规划。另外，提升创业者的创业能力不仅可以帮助创业者成功创业，还可以推动社会的发展，为各个行业注入全新的力量。

大学生创业问题一直是社会调节的基础性问题之一。对于大学生创业而言，国家是持赞成态度的，在近几年相关部门也发布过很多指导性的文件和政策，帮助大学生完成创业择业，并且各大学校也纷纷响应，相继开设了相关的创业指导课程。在这样的大环境下，虽然整体的创业压力得到缓解，但短时间内培养出来的创业观念仍然存在一些弊端。首先，受到传统观念的束缚和影响。传统的创业观主要是以稳定为主，缺乏一定的创新性，不仅不利于大学生潜能的开发，同时也会在一定程度上抑制社会的发展与创新。其次，是我国大学生普遍缺乏创业的社会实践能力。由于受到传统教学模式的固化思维影响，学生不会从多角度分析思考问题，并且也缺乏创新性和实践性，使得学生在进入社会参加工作之后仍然无法发挥自身的潜力，毫无创造性。这些问题的存在限制了学生社会实践经验的获取，也使得学生形成不敢尝试、不敢参与的性格，缺乏团队意识和创业信心。

当前是一个众创时代，所有人都可以利用社会资源进行创业。结合我国2015年的高校大学生创业选择比例来看，自主创业的比例达到了6.3%[①]。大学生选择创业发展的原因中，最主要是因为自主创业能够获得更多成长和产业发展机会，这也证明了当前大学生认识到了自主创业对自身发展的重要性。而这大学生创业的现象随着近些年互联网的全面兴起，也在显著提升。

互联网的发展为当前的市场空间拓展提供了巨大的优势，网上消费以及网上生产经营也提供了大量的岗位，这些都可以成为大学生自主创业的优先选择。除此之外，当前政府也为了进一步打造新型的创业者发展局面，为创业者提供了大量的扶持政策以及优惠政策。在社会环境方面，政府为了提升企业本身的发展质量，与院校进行联动，打造了良好的创业人才培养基地以及培养环境。作为高校来讲，其在当前学生综合素质培养的基础上，进一步提升学生的实践能力以及创新创业能力，是为国家打造一支良好团队的根本保障。因此，大部分院校也积极开展辅助学生创业的工作，如广东某工业大学，在院校内部设置了创业孵化基地，为学生提供了丰富的创业场所以及参与创业比赛的机会，并且在互联网的基础上，开展了互联网创业竞赛以及电子商务创业竞赛等。

针对整体氛围来看，我国当前的大学生创业体系正在如火如荼地进行，无论是学校还是社会企业，都积极参与了创业产业链的发展，从而为社会的产业结构调整提供更多的可能性。除此之外，互联网的发展也成为创新优化的关键，在后期互联网依旧具备极大的发展空间，这将为当前的大学生创业提供充足的动力。

（二）大学生创业存在的问题

对大学生创业者来说，创业既存在机遇，也存在问题。首先是存在的问题。其一，大学生创业者难以获得创业实践方面的指导，无法提升其创业能力。近年来，虽然国家越发重视大学生的创业问题，但目前高校的创业教育仍处于初期阶段，并且缺少充足的大学生创业孵化基地。在这种情况下，大学生无法学到足够的创业知识，也难以进行有效的创业实践。同时，随着经济的快速发展，社会变化得越来越快，创业形势不断发生变化，也对大学生的专业素质提出了更高的要求。但由于部分大学生自身阅历、能力的限制以及实战经验的缺乏，使其难以实现有

[①] 苏冬梅，刘洁晶，任金忠，等.基于"互联网+"大学生创新创业能力培养与研究[J].现代农村科技，2021（9）：75-76.

效创业，最终导致创业失败。其二，缺乏良好的创业项目。良好的创业项目可以激发学生的创业欲望，令学生在项目实践过程中学会更多创业技能和知识，帮助大学生实现成功创业。但一般而言，大学生很难及时发现这些项目，这就为大学生成功创业带来一些阻碍。其三，缺乏具体的创业合作机制。一般情况下，当前的创业合作大多呈现出短期、松散的状态。同时，创业者主要想通过这一模式为自己带来合适的创业资源，帮助他们更好地实现创业，并且合作者的目的未必一致，导致合作很容易难以进行。

在上述问题的基础上，大学生创业所面临的机遇。首先，多元化的创业机会增加了大学生的创业选择性。尽管由于种种能力、知识以及经验等方面限制可能会导致大学生的创业面临众多阻碍，但随着创业机会的增多，大学生仍然可以充分地利用各种创业资源，拓宽创业路径和平台，实现自身的创业梦想。其次，对学生来说，可以使学生更好地将理论与实践相结合，更好地适应社会发展，不断积累创业经验。

下面具体谈一谈大学生创业所面临的困境。

1. 缺乏创业能力

高校大学生毕业之后选择继续深造的人较少，他们大多是直接进入职场，并选择比较稳妥的就业方向。毕业后选择自主创业的大学生数量很少，他们一般对自身能力缺乏自信，认为自己创业经验不足，且不愿承担创业风险。根据当下社会现状来看，相关岗位的需求远大于供给，大量大学生处于毕业即失业的状态。近年，我国鼓励"大众创业，万众创新"，国家对创业给予大力帮扶和保护，创业环境宽松。但相当数量的高校大学生对创业缺乏了解，更缺乏相关创业能力，他们选择忽略创业这条路，甚至放弃自身专业去选择更容易的就业方向。

2. 缺乏人脉网络资源

人脉是创业迈向成功的桥梁，能够增强大学生创业的成功系数，大量的人脉资源对于大学生创业者快速打开企业名声而言显得尤为重要。良好的人脉资源对大学生创业工作的促进作用是明确的：首先，良好的人脉关系网可以给予大学生创业者经验教训，分析市场真实现状，以"过来人"姿态提出积极建议，加快进入市场的速度，缩短与成功之间的距离；其次，人脉关系网可以帮助大学生创业者及时了解竞争者的动态，"知己知彼，百战不殆"，这对于行业中的新进入者而言是相当必要的，只有充分了解和透彻分析竞争对手的业务方向，才能使大学生创业者及时做出应对措施，提高企业的市场占有份额；最后，也是最重要的一点就是，创业者的成功，一般拥有庞大的人脉网络资源支持，人脉网络资源占有各种资源，如土地、矿藏等自然资源以及人力、财力、物力等社会资源。但是应届大学生或者在校大学生无论是在社会经验、个人能力还是在人脉资源方面都处于劣势，对于市场的熟悉度、消息的及时性以及资源的利用率等都处于不利一方。

3. 缺乏专业的创业指导

人们对于社会经验一词的定义是不太相同的，有很多人认为社会经验就是大学生毕业后从事工作之后的经历，还有一些人认为社会经验是学生在学校与人交流开始获得的。事实上，社会经验指的是某个社会主体在自己亲身经历的各类事件中所感悟到的积极的和消极的人生哲理和处世技能。

大学生在校期间也越来越重视对社会经验的积累，积极地参与社会兼职工作，兼职成为大学生积累社会经验的一种渠道。另一方面，虽然一些学生在校参加兼职，组织活动拉赞助也会增长相应的工作能力，但并不能获取足够的社会经验。不足的社会经验，让他们的眼光局限于眼前，在创业时缺少一个长远的计划。

从宏观来看，相对社会中的其他创业者而言，大学生创业者拥有新鲜且丰富的专业知识，这是他们在知识方面的优势。但是换个角度，大学生创业者接触社会时间晚且短，社会经验不足的劣势同样明显。所以，大学生创业成功离不开良好的基础，创业之初坚实稳固的基础在一定程度上决定了其日后事业的宽度和高度。从长期来看，早期经验对于尚未成熟的人来说尤为重要，创业其实就是一条漫漫长路，在这条漫漫长路之中经验的不断积累是扫除路途障碍的重要一环。

4. 缺乏创新性与可持续性

自主创业往往与创新有着极强的联系，并且创新能够为大学生的自主创业提供更多的方向和可能性，因此在当前大部分的自主创业研究过程中，往往将学生的创新能力考虑其中，这样才可以从全方位角度分析学生的实践能力。但结合当前的大学生自主创业情况来看，大部分的学生在教师以及院校的带领下，可以借助互联网系统来打造具有针对性的创业空间以及创业途径。经过大部分院校的尝试性改革，已经有学生利用互联网开发了良好的创业项目，如毕业于华中科技大学的郭列创立的"脸萌"App，曾经登上了各大移动客户端的下载平台，在大学生群体中红极一时。但是，后续随着人们需求的逐步满足，该软件的功能逐步呈单一趋势，并且观众的新鲜感也逐步降低。而产生该种情况的主要因素在于学生的创业水平较高，但创新思维极易受到自身经验以及环境的限制，导致部分项目无法生根发芽。

5. 创业项目形式化严重

互联网在当前社会的各个领域都有应用，并且能够有效推动各行业的发展，但结合当前的大学生创业情况来看，部分学生的创业依托互联网技术以及互联网平台，其真正的价值和功能，却与人们的实际生活脱节。例如，有学生在互联网的基础上，打造了网上购物软件，并且在院校内为其他同学提供线上购物服务，但从服务内容以及服务方向来看，无论是商品还是服务质量都与当前成型的服务平台有一定的差距。总的来讲，学生的创业项目虽然能够依托互联网存在，但难以为其他受众提供全方位的服务体系。

6. 资金及基础设施有限

创新创业已经成为当前大学生发展的主要内容，但受到不同院校管理模式以及发展体系的影响，部分创业项目无法落实，并且大部分学生尚未实现经济独立，因此在创业项目开展过程中资金投入无法满足实际需求。另外，互联网项目的前期开发难度较大，涉及大量的技术体系以及平台支撑，而软件以及硬件设施的不充分，也对项目的开发有一定影响。这对于缺乏基础雄厚实力的院校以及学生来讲，是一种较大的考验。

（三）大学生创业能力的提升策略

大学生创业作为一项长期工作，需要社会、政府、学校以及大学生自身多方的努力。大学生选择自主创业主要动机来源于大学生知识面的拓展、大学提供的理论教育、大学生就业的形势严峻、政府出台的优惠政策、大学生所处家庭环境等。从文章来看，可以从完善大学生自主创业相关政策、构建大学生自主创业相关机制平台、加强大学生自主创业教育培训建设、提高大学生主观认识等方面出发，帮助大学生将自己的创业计划转为现实计划，使大学生的自主创业概率得到有效提升。

从学生综合能力发展的角度来讲，能力的提升往往依托于实践训练，因此在当前互联网环境下，高校为了全面增强学生的自主创新能力，必须为其提供完善的实践空间，并且能够辅助学生进行综合实践，这样才可以确保其创业能力有提升的动力。而要想达到这一目的，可以从以下几个角度提升大学生创业能力。

1. 完善创业相关政策

我国十分重视大学生创业，但是目前的创业形势还是不尽如人意。当前大学生创业底子薄弱，相关方面的支持还不到位，政府应尽量将政策方向延伸到大学生创业促进上，支持大学生创业。

政府层面把握高校大学生创业需求，根据大学生创业实际需求完善并提升创业政策的有效性与受益面；在政策支持力度不断加大的基础上逐步建立和完善大学生自主创业支持体系；减少不必要的过程环节，提高工作效率；扩大可以享受政府财政补贴的范围，提高大学生自主创业的积极性；建立和完善目标考核机制。此外，对大学生自主创业面临的困境，政府部门可以通过拓展多元化的融资渠道，根据当地的具体情况构建一个根植于当地产业的创业教育和扶持体系。政府可以与高校、企业共同建设各类大学生创业孵化基地，以此为载体，对资源进行整合，为自主创业的大学生提供信息源以及各种服务指导。

2. 加强创业教育培训

培养创业教育师资，为创业提供有力保障，师资在创业的前期也就是学生接受创业教育过程中起着重要作用。创新创业教育对教师的学识、经历和经验有很高的要求，因此，高校要重视创业师资队伍的培养和锻炼。首先，要聘请有经验的行业专家、企业家等作为创业教育课堂的师资在学校进行理论授课。其次，是专门组织自己学校的专业授课老师到基层、到企业、到公司去实际了解情况，具备将理论和实践相结合的能力，指导学生进行创业的实践。最后，对参与教育培训的教师定期开展提升性培训，不断丰富指导老师的理论水平和行业认知，更好地指导学生如何创业，打造一批指导学生创新创业的专业化师资队伍，为大学生创业提供指导帮助。

3. 多方资源给予支持

（1）加大政府引导力度

政府机构在当前的人才培养方面起到了决定性的作用，与区域的创新创业体系发展质量有直接关系。因此，政府以及相关部门必须积极引导高校大学生，在自主创业的同时为其提供完善的保障。首先，可以定期开展大学生自主创业培训体系，主要传达正确的互联网创业方向以及项目类型，教授科学的理论知识，以及当前先进的创业理念。其次，要将理论落到实处，结合院校积极创建创业培训基地，为大学生的创业实践提供完善的场所，要做好基础技术硬件以及软件的配置，为学生提供良好的互联网创业环境。最后，提供良好的对外发展平台。对外发展平台构建的主要目的，是让学生将自己的互联网创业产品以及相关成果向外界进行推送。比如，政府以及相关机构，可以在自身的官网上开设大学生创业实践模块，推送具有代表性的互联网创业项目以及创业结果，让社会参与监督和评价，同时也能够为学生的日常创业创新提供自信心和动力。

（2）政府、社会力量应给予全方位资源支持

一般情况下，学生在进行初期创业时很容易由于资金、人脉、能力等资源缺乏而导致创业失败，为使其能够成功创业，政府和社会力量应该为学生提供更加全方位的资金支持，并在社会上营造出一种适合创业的先天环境，提升大学生的创业信心。在众多的创业问题当中，大学生创业能力难以提升，无法进行可持续创业的重要原因在于资金和人脉资源的支持，特别是资金方面。大学生尚未进入社会，而且并非所有大学生的家庭都能为其提供创业的初始资金，因此其资金储备无疑是缺乏的。政府是实现社会各种资源协调调配的主体力量，为此，政府要增强对大学生创业的重视程度，在对大学生创业项目进行评估后，应在遵循国家相关政策的基础上，依据本地大学生的创业现状，积极推行创业扶持政策，如人才落户、购房优惠等，以提升学生的创业热情。除了制定扶持政策，政府还要为学生提供必要的创业扶持资金，帮助学生实现创业的起步发展。但是单单依靠政府的力量难以覆盖绝大多数的大学生创业者，为此，必须借助其他力量的帮助。社会是学生创业学习实践的主要场所，因此，社会各行业可以为大学生创业者提供适当的创业实践机会和实践资源。例如，可以尽量增加创业者与成功创业者的社会沟通频率，加强两者合作的紧密性，建立具有协作性的深度合作关系，并帮助大学生将传统的创业理念逐渐转变为相互协作及具有实践意义的创业实践理念，逐渐将二元的创业模式逐渐更新为三元的创业模式。

（3）建设具有协调性的创业实践平台

为实现大学生创业能力的提升，还需要建设一个具有协作性的创业实践平台，并建立良好的合作机制以助力实践平台的良好运行。对此，可以通过培养相对应的创业文化来确立创业人才的培养目标，并利用平台进行一定的实践训练，逐步加强创业者的创业精神和创业素质。实践平台主要由创业搜索功能、创业反馈功能以及企业创业实例等功能所组成，而且在平台中，创业者可以接受成功创业者的线上指导，从而缩短指导距离，提高创业效率。另外，在平台中，还可以定期发布相关的创业前沿信息，帮助创业者拓宽创业范围，建立更多渠道，为其提供更多选择。对于创业者而言，在这个过程中不仅能够提升创业者的创业核心能力，还能够提高创业者的创业质量。

4. 提升社会主体参与度

在大学生创业能力提升的过程中，社会主体也需要积极参与其中。那么打造校企合作体系，进一步提升社会企业，以及相关机构在学生创业能力提升的过程

的参与度，能够有效满足这一需求。例如，某院校和新道科技公司开展了合作关系，院校将企业的理念搬进校园，同时投入了将近1000万元的资金，借助新道科技公司提供的虚拟商业社会环境VBSE系统，在跨部门、跨学院以及跨专业的基础上，构建了虚拟仿真实训中心以及企业公司实践中心[①]。这一机构的建设为学生的创业提供了有效平台，并且也让学生在互联网实践过程中真正联动社会的各方主体，确保合作成果可以为企业所利用，也确保企业的技术体系可以为学生提供有效的创业辅助。

5. 增强高等院校主导性

（1）构建专家队伍

在增强学生创业能力的过程中，院校本身的主导地位不能被撼动，并且院校也需要为学生打造一个完善的创业环境和创业条件，而构建专家队伍、提供有效的实践活动至关重要。

首先，从构建专家队伍角度来讲，可以为学生提供一支双师型的专家指导团队以及教师团队。考虑到互联网涉及大量的技术体系，高校可以邀请网络技术科研人员以及相关专家骨干，与院校内部的科研工作者组成小组，将其作为教学科研的主要团队。这不仅能够为院校内的教师提供更多互联网技术相关技能支持，也可以让学生进一步接触到互联网的使用技术以及使用方式。其次，邀请院校各界互联网创业成功者回校进行宣传和开展讲座。让优秀的创业者带着自己的作品以及成果，为学生科普互联网创业过程中的相关知识和需注意的要点。利用以身作则以及榜样的力量，确保学生了解互联网创业的相关信息。这种形式可以让院校内部的专业团队更具规范性、全面性以及完整性，可以为学生传达技术、理论、实践、创新等领域的知识，提升学生创业能力，增强创新能力。

（2）整合研究创业成功案例

创业本身就是在对当前市场需求精准把握的基础上选择合适创业项目的一个过程，不同时期会形成不同的市场需求。而一旦大学生在创业时只是根据以往在书本里学到的方式进行创业，那么很容易造成创业者在创业过程中不懂得变通，并且不能很好地适应社会环境的变化，从而影响其创业的积极性和信心。因此，需要借助最新创业案例的整合研究，帮助学生拓展创新创业思维，并进一步更新和完善自身创业知识储备，从而有方向地规划创业。在对创业案例进行研究总结的过程中，必须选择现实中真实存在的成功创业项目。例如，共享市场中涌现的

---

① 周艳，赵曜，殷俊．校企深度融合提升高职院校大学生创新创业实践能力[J]．中国市场，2021（19）：183-185．

共享充电宝、共享单车、共享充电站以及共享汽车等,可以对这些创业案例进行分解,得出其创业成功的经验、理念。当然,在这个过程中,更重要的是通过创业案例,拓展自身创业思维,并且丰富创业知识储备。

6. 提供科学的分析体系

综合我国当前的社会发展现状来讲,为了进一步增强学生本身的创业能力,可在学术研究的基础上,为学生的自主创业提供了具有科学性的理论分析体系。

(1) SWOT分析法

这一分析法是建立在宏观角度,结合学生、学校、社会、企业、互联网、技术等多种要素构建的分析方案。其最大的优势便是可以为学生展现当前整体的社会环境,使其了解创业过程中可能遇到的重点和挑战,并且为其提供前期的风险预控方案。从细节角度来讲,这一分析法涵盖了以下三个方面的内容。

①了解优势

在互联网时代有90%以上的学生都能够熟练利用网络来满足自身的需求,那么这便是需求产生的过程,而需求的产生可以转移到其他的人群主体,这样便能够为学生提供创新方向。而利用互联网进行创业,最主要的优势便是门槛较低,风险较低,虽然涉及部分技术使用问题,但技术性不强。大部分的互联网创业往往是创意项目。尤其是针对大学生群体来讲,学生本身的思维更具灵活性,即便是互联网创业失败,也不用太担心出现转让以及囤货等实体交易问题。这种优势分析可以帮助学生大胆进行互联网创业。

②劣势分析

通过互联网进行创业,最大的劣势便是成功率较低,面临的竞争较多,并且涉及学生本身的商业信用。大学生创业群体基数十分庞大,因此竞争是难以避免的,并且有部分学生在困难的影响下存在中途放弃的情况,那么其创造出来的成绩较少,在这个过程中可能会出现损害用户群体利益的危机将直接影响创业项目的口碑,这就是当前大学生必须要考虑的劣势因素。

③机会分析

大部分学生缺乏社会创业经验,在创业的过程中可能无法快速定位创业重点,因此就需要为学生提供良好的分析体系,使其抓住机会及时掌握相关政策体系,构建前景广阔的创业项目。在这个过程中,需要让学生进一步了解当前的网络消费理念以及网络生产体系,综合供求关系来定位需求的重点,这样可以让创业项目更具多样性和合理性。

（2）蒂蒙斯创业过程模型

蒂蒙斯创业过程模型是近年来较为新颖的一种创业指导模式，其具有多元化的特征，更符合新时代社会发展的趋势，而且能够为创业者的创业提供更多理论思路上的帮助。首先，可以通过蒂蒙斯创业过程模型分析创业者创业难的问题，该模型认为创业过程是商业机会、创业者和资源三个要素匹配和平衡的结果。因此，可以从以上三个方面对创业过程进行分析，得出大学生目前存在的创业难题和困难，并对难题进行逐一攻克。例如，如果是商业机会不足，则可以积极扩展人脉，培养商业机会识别能力；如果是创业者本身的问题，就应加强自身综合素质的培养，全面提升自身的创业者专业能力、协作能力、创新能力、表达能力以及沟通能力等，为创业成功打下坚实的能力基础；如果资源欠缺，就分析自身欠缺的资源类别，查看自身究竟在哪些方面存在资源欠缺的劣势，如资金、人力资源、关系网络、营销网络等，在此之后，对其进行积极弥补。通过对以上三方面的努力，可以为提升大学生的创业成功率打下坚实的基础。另外，还要着重发挥自己的优势，利用自身已有条件进行创业准备，提升创业成功率。其次，在分析蒂蒙斯创业过程模型之后，还应创建相对真实的创业环境，并在实践平台的辅助下，打造创新向上的创业氛围，使创业者可以在该环境中实践以上分析内容，从而不断提升创业效果，帮助大学生实现高质量创业。

从本质上讲，大学生创业能力的提升是一种服务社会的根本表现。学生创业能力以及创业水平的发展，可以进一步提升学生与社会之间的互动质量，增强学生参与深度，并且满足社会不同领域的需求。那么政府、社会、企业、院校都需要积极为学生的创业提供完善的保障，打造立体化的制度体系，落实好优势、劣势、机会以及挑战分析，这样才可以引导学生凭借自身能力进行创业创新，提升创业能力，为后续发展奠定完善的基础。

在当前的创业形势下，大学生面临着众多的创业阻碍，为实现成功创业，大学生应深化对创业能力重要性的认识，全方位地提升自身能力，并积极适应新形势，改变自身创业策略，以更科学的知识、技能武装头脑，提升创业成功率。

7. 遵循学生个性差异

高校大学生若想创业，就必须要先对就业形势、经济环境、专业类型、自身个性需求等进行分析，若其职业规划不系统、不全面，没有综合考量以上内容，职业规划就会出现片面、不科学、不合理、难以发展的问题，对其未来创业形成阻碍。

我国高校数量较多，高校大学生的数量越来越多，其就业问题成为社会普遍关注的热点。当前很多高校大学生为了避免工作的束缚，希望能够自主创业。但是大学生个体之间有着明显的差异性，其个性、优势、职业需求都各不相同，在创业过程中也会面临不同的困难。为了弥补高校大学生在创业能力方面的不足，高校需要尊重学生的个性化差异，深入了解每一位学生的具体情况，加强大学生的针对性指导，帮助大学生创业。

（1）充分了解学生的实际情况

在高校大学生创业能力提升过程中，指导教师要从差异化的角度出发，通过谈话、问卷等形式对学生的学习情况、性格特点、个人能力等进行充分了解，以便深入、准确地挖掘学生的创业能力。教师要对谈话及问卷搜集的信息进行整理，从中找出创业发展趋势和具体规律。另外，教师还要留存、整理过往的学生创业相关资料。每一届学生实际创业的过程，都可以为后来大学生的创业提供有效的参考数据；每一位学生也都可以根据之前的调查数据，找到适合自己性格特点和能力的创业方向。

（2）鼓励创业

大学生创业具有深刻意义，其不仅有利于高校大学生的职业发展，更对社会发展有着极大的促进作用。创业者可以自由选择喜欢的职业，利用自身优势，实现自我价值，创造社会价值，这对社会资源的整合和挖掘利用有着极大的作用。

为此，我国鼓励"大众创业，万众创新"，尤其重视大学生创业活动，为大学生创业提供大力支持，营造良好的创业环境。为了响应国家政策，助力大学生创业，各高校也都积极鼓励大学生创业，并为其开展提升创业能力的培训及活动，丰富其创业理论知识和实践经验。除此之外，对于有创业想法和行动的优秀大学生，地方政府会给予必要的政策补助，这种专项服务是帮助大学生创业成功的有效途径。各行各业都不乏成功人士，高校可以邀请创业成功人士来校为大学生讲述创业经历，提供创业指导，针对大学生担忧的创业问题进行解答，努力为其创业铺平道路，提高艺术类高校大学生创业的成功率。

（3）提供个性化创业指导

每个学生个性都存在差异，因此，高校在创业指导中要因材施教，这也是重要的教育理念。高校要在充分了解大学生基本情况的基础上，根据每个学生的个性需求，针对性地制订专业化指导方案，以满足各高校大学生的个性化发展需求。尊重差异是高校优化创业指导效果的关键所在。

综上所述，随着近年来我国高校大学生数量逐渐增多，市场就业竞争压力逐渐增强，而大学生由于专业、优势、个性、需求等方面的差异，其在创业中面临着不同的困扰。为此，高校要深入了解学生之间的个体差异情况，尊重差异，并制订有针对性的创业指导方案，帮助学生了解自身优势，加强对学生创业能力培养，鼓励学生创业，努力为高校大学生铺平创业之路，助力社会和谐以及经济发展。

二、大学生创业政策分析

（一）大学生创业政策梳理

随着社会进步及市场开放，更多的大学生走上了自主创业的道路。大学生创业对国家经济转型、提高大学生就业率、促进大学生自身价值实现等都起到重要作用。下面对我国各地方政府近年来颁布的大学生创业扶持政策进行了梳理，望能进一步加强大学生创业扶持政策的真正落地，提高大学生创业成功率，并带来更多的就业岗位。

1. 创业环境构建类政策

大学生创业初期的首要困难就是没有足够的人力、物力和财力，而且相关的知识和经验也相对匮乏，如果此时盲目创业则容易失败。因此，政府需要为大学生打造良好的创业环境，为其自主创业减少阻碍。

（1）创业基地的建设

为了减少大学生在自主创业过程中因场地等客观因素而受到的限制，各地政府纷纷加强了相关资金的投入，建设了创业孵化基地、创业园等场所，支持大学生自主创业，并为入园创业的大学生提供各种优惠政策。例如，青岛市政府就为入驻相关创业园的大学生提供了房租补贴方面的优惠政策，房租首年全免、第二年减半，以及房屋设备等保险补贴等优惠政策；创业园还为入驻企业提供企业注册、项目审批、人才引进等各项手续办理服务；企业创办人若被认定为青岛市创业创新领军人才，还可享受贷款补贴、创业资金扶持、研发资金扶持等相关优惠政策。截至2020年底，青岛市已建成各类大学生创业孵化中心（基地）50个，入驻企业年营业额达30多亿元，上缴利税近亿元。

（2）创业氛围的营造

良好的创业氛围能够有效激励大学生创业，各地方政府都在努力通过各种渠道和方式为大学生创业营造良好环境。一方面，政府部门会联合各大高校培养大学生的创业理念，为大学生介绍政府对大学生自主创业的相关扶持政策，激发大学生的创业热情；另一方面，各地政府也会通过新闻、网络、广告等渠道加大舆论宣传力度，鼓励大学生自主创业，并对相关创业扶持政策、创业典型等进行宣传。例如，青岛市出台了《关于实施青岛市大学生创业引领计划的通知》，通过在山东省范围内树立创业典型，并对其进行积极宣传推广，鼓励大学生创业。山东省政府也对创业文化十分重视，在分享创业经验、树立创业典型的基础上，大力弘扬创业文化，推动"创业齐鲁乐业山东"建设，为大学生创业提供心理保障。

2. 创业融资方面政策

创业融资方面政策指的是政府为帮助大学生在创业时能够方便快捷地筹集创业资金而制定的相关扶持政策，旨在帮助大学生缓解创业资金方面的压力。例如，一些地方政府会为大学生创业提供担保贷款、创业基金、贷款补贴等。当前，各地方政府的创业融资扶持政策主要有三种。

（1）无偿资助政策

政府通过建立大学生创业专项资金，为大学生创业提供支持，不过无偿资助金额一般都不大。例如：青岛市会为毕业五年内开展创业的大学生提供一次性创业补助1万元，以及一次性小微企业创业补贴，标准由原来的1万元提高到1.2万元。

（2）小额担保贷款政策

小额担保贷款政策是政府对创业大学生在小额贷款方面提供的优惠和补贴政策。此项优惠政策通过为大学生创业免除反担保贷款手续、简化代理流程、提高放款效率、放宽全额贴息时间等方式，缓解创业大学生的资金压力。以青岛市为例，针对毕业五年内创业的大学生，政府将其小额贷款最高额度调整到45万元，并且针对无不良信贷记录、还款及时的大学生，提供可在还清贷款后三年内进行二次小额担保贷款，首次和二次小额担保贷款期限为两年，两次贷款均给予全额贴息。

（3）创业基金

很多地方政府会设立专项基金以支持大学生创业。例如，青岛市政府发布《青岛市创业孵化与投资基金管理细则》，符合条件的企业可以最高获得150万元的专项扶持资金。

3. 创业文化培养政策

创业文化是目前我们所处的社会的一种普遍的文化共识，在加快完善社会主义市场经济的背景下，大学生在创业的过程中逐渐成长，他们所积累的积极向上的社会创新价值观和道德观念主导着他们的思维方式和行为模式。良好的创业文化能够激励大学生团结互助、独立自主、艰苦奋斗、勇于面对失败和敢于创新，以推动国家经济的发展。良好的社会创业文化引导和鼓励大学生通过努力拼搏实现自我价值和社会价值，进而推动一个民族的创新活力。

目前，社会各界都在为大学生提供良好的创业环境。

政府支持大学生进行创业，鼓励并组织全国性的大学生创业大赛，提倡高校和企业为大学生提供一个展现创业才能的平台，同时也是为企业提供一个挖掘创新想法的机会。

高校大力提倡和帮助大学生进行创业，组织各类创业活动，加大校企合作力度，为大学生提供创业的实践机会。社会各界大力宣传创业文化，构建了良好的创业文化氛围。

4. 创业服务扶持政策

创业服务扶持政策指的是大学生在创业经营过程中，会涉及很多商业活动，例如企业注册、资格准入、税费缴纳等，这些事务会消耗创业大学生很大一部分精力。针对这一情况，各地政府推出了很多相关的商务扶持政策，帮助大学生减少这方面困扰，使其能够更专注于创业。

（1）市场准入政策

政府通过降低大学生创业注册资金、放宽经营场所审核标准等方式，为创业大学生铺平道路。例如，京沪深广等地推出了注册资金"零首付"政策，允许大学生在注册公司时"零首付"，注册资金可以分期支付；山东省对大学生创业经营场所放宽了审核标准，不严格限定创业大学生的经营场所选择。

（2）税费减免政策

企业在经营过程中需缴纳各种税费，这对创业初期的大学生来说是个不小的经济负担，各地政府也陆续出台了相关政策，以减轻税费给创业大学生带来的资金压力。例如，青岛市推出"毕业年度内自主创业税收政策"，大学生在毕业年度内（指毕业所在的自然年，毕业年份的1月1日至12月31日）创办的个体商户或个人独资企业，在往后三年内可按每户每年8000元为限额，一次扣减其应缴的税费，包含营业税、城市维护建设税、教育费附加税及个人所得税。大学生创办的小型微利企业，则可根据国家颁布的相关税费支持政策执行。

5. 创业教育培训政策

虽然我国各地方政府都在积极鼓励大学生自主创业，但是相关力度、政策等，与发达国家相比依然存在差距，其主要与相关部门单位对大学生创业知识和技能普及不足、大学生创业意识淡薄有关。为此，各地政府需加强对创业服务政策的制定，为大学生提供全方位的创业扶持。

（1）开展创业指导

创业者掌握足够的创业知识和技能能直接提高创业成功率。因此国家和各地政府都非常重视相关培训，希望能传递给大学生先进的创业思想和理念，为大学生创业提供帮助。为此，各地方政府陆续推出了相关培训政策来支持大学生自主创业。例如，青岛市政府组建了以公共就业和人才服务部门为基础的创业指导服务部门，对有创业意向的大学生进行创业指导，指导内容包含创业的政策咨询、信息咨询、风险评估、创业指导、融资指导等多项咨询指导服务，旨在为大学生自主创业奠定理论基础。

（2）建设创业服务平台

各地方政府可以通过搭建创业服务平台来为创业大学生提供各种服务，并方便其通过平台实现资源共享，从而促进大学生创业发展。服务平台的搭建主要有以下两种方式。

一是各种实体创业服务中心，如各地方政府创建的大学生创业服务中心、政府组织的各种公益服务机构、各种民间组织等，这些组织可以给大学生提供法律、金融、管理等方面的咨询业务；二是各种信息化网站的建设，国家层面有教育部搭建的"全国大学生创业服务网"，各地方政府也都陆续建立了创业服务网站，对在创业过程中遇到困难的大学生提供咨询帮助，从而促进大学生创业。

（二）大学生创业政策优化路径

近年来，随着国家鼓励大学生创业，国家和各地方政府都加大了对大学生创业的扶持力度，但是经过对相关政策的研究发现，有些创业政策还存在系统性不足、影响力不大、满意度不高等问题。因此，下面就现阶段的一些大学生创业政策提出一些改善建议。

1. 加强创业政策的监督力度

（1）完善大学生创业监督机制

动员全社会的力量，对大学生创业活动和政策的实施进行监督。为了保障政策的实施效果，应该严格把控政策的落实情况，使政策真正发挥作用。同时，确保政策的公平性，以增强大学生创业者的信心，提升他们对创业政策的满意度，提高创业的积极性。尽管政府出台了很多的优惠政策，但是从落地实施的效果来看还有不尽如人意的地方。因此，要不断完善监督机制，改善政策落实的效果。

（2）利用反馈机制提升政策实施效果

形成意见反馈机制，大学生根据实际创业过程中遇到的问题，结合政策内容，向政策制定机构提出建议,政府根据实际情况进行相应修改。根据实施计划和内容,动态调整落实方案,地方上做好有效衔接。创业政策、创业市场、创业活动协调发展。政策的实施随着市场的发展做出及时调整,充分考虑创业大学生的现状和发展需求,真正实现生态化的政策实施系统。积极调整创业政策,做好大学生创业的组织保障。让创业大学生群体也能够积极参与创业政策的制定、实施、监督。

2. 政策制定突出针对性和系统性

政府需就扶持政策与实际情况相脱离的问题进行分析,从而提升政策的针对性和系统性。

虽然我国地方政府陆续推出了各类大学生创业扶持政策,但是量的积累并没有实现质的飞跃。一方面,由于政策缺乏针对性,部分政策并没有开展前期调研和意见征询,对大学生在创业过程中会遇到的难点问题了解得不够透彻,对扶持的真实需求点掌握不足;另一方面,政策由于缺乏系统性,导致相关部门在制定政策的过程中缺乏交流,各部门之间的政策互相冲突,致使政策在实施的过程中存在困难。

因此,在政策制定前,首先,相关人员必须深入大学生创业群体进行调研,掌握大学生在创业过程中会遇到的问题与难点,了解大学生的真实需求,征询大学生意见,让政策更具实效性;其次,政策的执行部门间要加强沟通,共同构建一个科学、高效的政策执行系统,明确各部门职责、精简办事步骤、提升服务质量,以提高政策的执行效率;最后,还要制定问责机制,对有失职行为的人员进行行政或法律责任追究,并加强对大学生投诉问题的关注度,及时对相关问题进行整改和反馈。

3. 加强创业政策的宣传力度

政府还要对创业培训与政策相脱离的问题进行分析,从而加强大学生对相关政策的理性认知和情感认同。

创业培训可以为大学生创业提供基础保证,是激发大学生创业的潜在动力。现阶段各地方政府在开展培训活动时,多以创业实践为主,但是对政策的宣传却不到位,相关部门需要在培训过程中加强政策宣传力度。另外,由于大学生创业扶持政策推出的时间较短,且宣传工作不到位,大学生难以真正对创业拥有理性认知和情感认同。

因此,政府应该联合企业、学校开展多方合作,建立专项培训平台,将扶持政策融入培训课程体系,从而加大相关政策的推广力度,在提高广大创业大学生实践能力的同时，也使大学生对政府提供的各种扶持政策有充分了解。另外，政府还可通过官方网站等传播途径，对创业培训和政策进行融合并及时对外公布，并在提供相关政策咨询服务的同时，认真听取大学生提出的相关建议，形成一个良好的创业交流循环，提高创业大学生对扶持政策的满意度和重视度。

创新是社会进步的基础，青年大学生具有强大的创造力，是社会创业的主力军。随着我国各地方政府陆续推出了一些大学生创业政策，政策在执行过程中也浮现出一些问题。通过对相关政策的梳理，对问题的分析，提出了一些建议，希望能帮助相关政策完善，以期各地方政府的扶持政策能真正达到效用最优，从而促进大学生群体在创业过程中真正实现自身价值和社会价值。

第三节　大学生创业途径与流程

一、大学生创业途径分析

（一）传统创业途径

所谓传统创业途径，即大学生自主创业选择中，大多数人所选择的一种比较广泛、典型、普遍的模式，具体包括提供产品为主和提供服务为主两种形式。

1. 提供产品

传统创业途径中的提供产品是指大学生创办以营利为目的、以项目发展为重点、投入一定资金的商业性经营活动。该途径的基本过程是这样的：首先，学生在进入以提供产品为主的创业途径之前，应该着重培养自己的商业意识，拓宽知识面。围绕市场进行创意，发现别人尚未发现的市场空间，并对商业机会做出快速反应；其次，通过从小事起步，积累原始资本；第三，看准市场，创办实体。这个阶段，大学生可以在原有的基础上，通过贷款、集资等形式创办自己的经济实体。

这类途径的特点是从单一项目发展而起，瞄准一定的客户群体和一定的市场需求，进入门槛较低，各类专业的大学生均可在这一途径中找到出路。其难点在于启动资金、市场定位和市场开拓。

提供产品这类创业途径要求创业者具有以下几方面条件：第一是敏锐的商业意识；第二是良好的经济意识；第三是坚韧的品格。

2. 提供服务

传统创业途径中的提供服务是指大学生提供以智力为主的社会服务，以满足人们提高效率、节省精力的需求。该途径的基本过程是：首先需要大学生在学习期间有所倾向地精于某一方面的专业知识和专业技能，能够独当一面；其次，积极参加社会实践，做到学以致用；再次，补充一定的商业知识和营销知识，为自主创业打下一定的能力基础；最后，根据自己的专业知识与商业知识，创办实体公司。

该途径的特点是，需要大学生具备一定的专业知识背景，能够充分发挥大学生个人的专业特长与优势，创业与经营成本较低。但是，大学生在起步阶段可能会由于缺乏管理经验或缺少社会资源、技术资源、资金资源、客户资源等，从而使自身的生存压力较大。传统创业途径中的提供服务通常适用于具有一定专业背景的掌握了某项专业技能的学生。例如，适用于外语专业、心理学专业、师范专业、医学专业、艺术专业学生的翻译公司、心理咨询室、培训机构、诊所或者设计公司等。

（二）新媒体创业途径

1. 网络开店创业

网络开店是一种目前已经很普及的网络创业方式，其门槛低，投入少，易于操作，且交易不受时间、地点限制，成为越来越多大学生青睐的创业途径之一。以淘宝为例，作为国内深受欢迎的网购零售平台，拥有近 6 亿的注册用户数，每天有超过千万的固定访客。该平台启动"双十一"活动以来，交易额不断创造业内日记录，"双十一"已成为中国电子商务行业的年度盛事，并且逐渐影响到国际电子商务行业。

2. 自媒体创业

自媒体创业目前也是热门的、备受大学生青睐的一种创业途径。自媒体创业不需要自己持有实际的产品，创业者吸引客户凭借的是个人的能力和才华，积累人气和影响力后，寻找合适的广告主在平台上做广告，实现盈利。自媒体表现形式选择多样化，大学生可以充分根据自己所擅长的领域来选择创业方向。自媒体已经充分渗透到学生的日常生活，其能充分展示个性和魅力这一特性更能吸引大学生的眼球。自媒体本身也还在上升发展阶段，具有活力和无限的潜能，近几年随着自媒体平台的迅猛发展，也给自媒体创业者们提供了更广阔的空间。

3. 自媒体＋电商融合创业

自媒体＋电商融合创业则是基于前两种途径的一种进阶。自媒体＋电商，这是在自媒体的圈子内做产品做服务，它是一种休闲＋商务的形式，是自身热度和售卖商品的深层次结合，它的模式可以是个人也可以是商家，让人人能参与商务中，也让企业拥有了不同的销售氛围。创业者在推广商品过程中积累热度，初期通常以推广小众品牌或国产品牌为主，以价格优势打开市场，后期再用热度反哺商品。

（三）政策性创业途径

政策性创业指大学生按照国家的产业政策或政府的相关决策进行自主创业，是源自政府对社会经济均衡发展和大学生自主创业活动的统筹规划，大学生应该有远见地看到在产业转移过程中，有大量的中间地带、过渡地带等待开发。在国家政策的支持下，抓住西部大开发、新农村建设、小城镇发展和城市社区建设的有利时机，在建设社会主义新农村、大学生村官创业、城镇化建设、西部大开发、社区项目等广阔天地中开拓自己的事业。政策性创业途径具有鲜明的特点，即政府主导型，政府通过一系列优惠政策进行调控和扶持，帮助和引导大学生做大做强自己的事业。

1. 农村创业

首先，大学生对政策及时追踪，在国家政策的指导下自主创业；其次，要有对市场敏锐的洞察力，大学生在农产品的初加工、深加工以及综合利用方面，发展优质、高产、高效农业等现代农业领域均可以进行成功创业；最后，要有创业的信心和不屈不挠的吃苦精神。

农村创业的特点在于要求大学生心系祖国社会主义新农村建设，更要有艰苦奋斗的作风，将自己的理想与祖国建设紧紧相连，创办适合农村特色的有利于农民经济生活发展的企业。

2. 回乡创业

大学生回乡创业是响应国家小城镇建设的政策号召，用自己的科学知识消除小城镇建设的不平衡性与盲目性，缓解大城市的压力，为小城镇带来资金、人才、项目和科学的理念。该途径，第一，要求大学生在学校学习期间应多加关注我国小城镇的发展情况，特别是自己家乡的发展现状，有意识地补充城镇发展常识；第二，利用假期观察家乡所需，在家乡参加实习实践活动，对家乡进行深入考察和认识，了解市场的发展情况，寻求自主创业项目，为今后回乡创业积累经验；第三，毕业后找准创业项目，回乡开展自主创业，为家乡建设贡献力量。

回乡创业的特点主要在于大学生将自己所学的专业知识、掌握的技能与信息和外部资本带回家乡，带着科学的管理思想、管理方法和先进技术，根据本地的资源优势，发展本地特色经济，培育出大量的上下游产业，不断吸引周边相关配套产业的集聚，形成一批具有小城镇特色的产业品牌。

3. 西部创业

引导大学生到西部去，到祖国和人民最需要的地方去建功立业，对于促进西部贫困地区的教育、卫生、农业、经济和社会等事业的发展具有重大意义，也是拓宽大学生自主创业渠道的一条重要途径。该途径的基本过程是，第一，大学生必须对我国西部地区有一个全面的了解和认识，既要了解其艰苦环境，又要看到西部大开发的巨大市场潜力；第二，针对西部地区的实际情况，找准适合西部发展的事业方向，构建符合西部特色的创业项目，拟定创业计划；第三，申请国家创业基金，或者自己在市场上进行融资，发扬不怕吃苦、敢于拼搏创业精神，把个人的事业与西部地区的发展联系在一起。

西部创业关系着西部地区经济发展、社会稳定和民族团结，关系到东西部地区协调发展、祖国统一、国家安全和社会和谐的重大战略。

4. 社区创业

社区创业就是要把自主创业和社区服务结合起来，发动和组织社会力量开展社会化服务，为社区居民提供便捷的生活服务和舒适的居住环境。首先，大学生在校学习期间应当有针对性地学习和掌握社区政治、经济、文化、环境等方面的知识技能，以满足未来到社区创业和服务的基本知识及能力需求；其次，不同社区具有不同社区文化，大学生创业者可以利用假期或者课余时间，直接进入社区实地实习，深入调查研究，因地制宜地提出创业项目；最后，毕业后直接申请到社区创业，在为社区居民提供服务的同时，开创自己的事业。

社区创业的业务半径较短，要求创业者自身所拥有的专业技术能力具有如下几个特点：第一，综合性。从服务对象上看，涉及社区内的所有个人、家庭和单位；从服务内容上看，涉及与人的生存和发展的方方面面，衣食住行娱乐等；第二，进入门槛低，内容丰富，市场广阔，形式灵活多样；第三，公益性与营利性并存。第四，鲜明的地域性。各地区经济社会基础和发展条件各有不同，不同社区、不同人群的创业服务需求点具有不同的特点。

二、大学生创业流程分析

创业者在决定创业之前，要做出充分的物质和思想准备，明确自己是否具备创业条件。一般来讲，创业主要考察创业者、商业机会、技术、资源、组织、产品服务等几个方面的要素。创业者要具有强烈的创业意愿，能够建立起一个有效运行的创业团队，并且拥有有利的制度、政策、金融、科技和市场环境，获得相应的技术和资源。创业最关键的因素是开发了能够服务市场的产品和服务，找到了创新性的商业盈利模式，企业为此进行目标市场选择和确定，能够明确企业的具体服务对象，关系到企业任务、企业目标的制定和落实。

（一）市场调研

1. 细分市场

在市场经济条件下，企业的生产和经营必须围绕市场的需求来组织，创业者通过创办企业在市场交易中进行经营活动以获得利益。一般来讲，用以进行市场细分的观测变量主要有以下四个方面。

（1）地理。主要包括区域，城市或主城区大小，人口密度，地形地貌（可划分为平原、高原、丘陵、山区、沙漠地带等），气候（可分为热带、亚热带、温带、寒带等），交通条件（可分为公路、港口、轨道交通等）等。

（2）人口统计。主要包括年龄（可分为儿童、青年、中年、老年等），家庭规模（可分为单身家庭、单亲家庭、小家庭、大家庭等），家庭生命周期（可分为单身、新婚、满巢、空巢、孤寡等），性别，收入（可分为高收入、次高收入、中等收入、次低收入、低收入等），教育水平（可分为硕士及以上、本科、专科、中专、高中、高中以下等），职业（可分为公务员、教师、医生、企业管理者、公司职员、演员、文艺工作者等），代系，民族，宗教，国籍，社会阶层（可分为可投资资产较高群体、企业高管群体、娱乐圈群体、白领群体、蓝领群体、农民工群体、失业群体等）等。

（3）心理。主要包括认知，生活方式，个性特征，购买动机（可分为追求时尚、追求实惠、追求新鲜、追求名牌、追求价廉等）等。

（4）行为。主要包括购买时机（可分为节假日、日常、升学期、购房期、拆迁、搬家、结婚、离婚、促销打折日等），购买地点（可分为商场、超市、门店、网络商店等），购买数量（可分为大量、中量、少量等），购买频率（可分为经常购买、一般购买、不常购买、潜在购买等），利益，使用者情况，品牌忠诚情况（可分为单一品牌忠诚、多品牌忠诚、无品牌忠诚等），准备程度等。

最后，企业应该确定细分市场的规模，以便在积极向前推进时知道潜在市场有多大。如果细分市场太小，即使细分市场上的顾客对其产品和服务很满意，企业成长很快也会出现停滞。有些时候，企业会试图同时进入多个市场从而将自己延伸得太广，以至于不能精准把握好最适合自己的细分市场。有些企业则会选择某个市场后草率进入，没有充分了解市场行情和顾客需求。市场调查可以帮助企业了解市场的详尽情况，从而抓住机遇，做出正确的决策。

2. 市场调研

所谓市场调研，就是采用一定的技术手段和方法，有目的、系统地搜集、采集、记录、整理有关市场的供求情况、价格情况及未来的需求取向等的一种方法，为企业确定市场定位、制定营销决策提供客观、正确的资料和信息。企业最普遍的10种市场营销调研活动是：市场特性的确认；市场潜量的衡量；市场份额的分析；销售分析；企业趋势分析；长期预测；短期预测；竞争产品研究；新产品的接受和潜量研究；价格研究。一般来讲，市场研究、产品研究、价格研究和消费者研究是企业市场调研的主要市场研究主要包括：市场特性，市场规模，市场需求（包括刚性需求、潜在需求、紧内容、迫需求等），可能销量预测，市场动向及发展，市场增长率，市场对产品销售的反馈，市场占有率，市场竞争状况，市场细分研究和市场其他信息的研究。产品研究主要包括：产品生命周期的研究、产品性能与特征研究、产品包装外观及品牌形象、新产品的开发和试销、产品的市场占有率和认知度、产品的顾客层、消费者对产品的态度和建议、竞争产品研究等。价格研究主要包括：价格需求弹性分析、价格敏感度分析（包括新产品价格制定和老产品价格调整产生的效果）、定价决策、竞争对手的价格变化情况、价格优惠策略的时机和实施效果评价、赊销条件和付款条件。消费者研究主要包括：消费者的结构，消费者的购买动机，消费者的购买习惯（时间，地点），消费者的购买能力和购买频率，消费者的品牌态度（对产品和中间商的态度），消费者的品牌偏好（包括品牌转换情况），消费者的品牌忠诚度（包括品牌认知），以及消费者对产品和服务满意度。企业如何开展市场调研？一般来讲，企业进行市场调研的流程主要有以下11个步骤：确定市场调研的必要性；定义问题；确立调研目标；确定调研设计方案；确定信息的类型和来源；收集资料；问卷设计；确定抽样方案及样本容量；开展调研；统计数据、分析资料；撰写调研报告。定义问题是进行市场调研的首要问题。如20世纪80年代，可口可乐公司为了找出本公司销售额被竞争对手挤占的原因，花费了两年时间、数百万美元，在美国10个城市展开了市场调查，以了解消费者对可口可乐口味的评价并征询对可口可乐新口味的意见。由于调查结果显示大多数消费者愿意尝试新口味可乐，公司以此为依据结束可口可乐传统配方的使用，开发上市新口味可口可乐。但新口味可口可乐上市一段时间后，出乎公司决策者们意料的是，越来越多的经典口味可口可乐的忠实消费者开始抵制新口味可口可乐。因为对这些消费者来说，传统配方的可口可乐意味着一种传统的美国精神，放弃传统配方就等于背叛美国精神。其实可口可乐公司忽略了重要一点——对于可口可乐的消费者而言，口味并非最主要的购买动机。相对而言，吉利公司于1974年推出的"雏菊"女用刮毛刀却是一个精准把握住了市场问题的成功调研案例。传统观念里，刮胡刀是男性用品，然而，美国的吉利公司却创造性地把"刮胡刀"推销给女人，大获成功。当年，生产男性剃须刀的著名公司吉利的领导者不满足于公司现有状态，积极开拓市场，争取更多用户。吉利公司先用一年的时间进行了周密的市场调查，发现美国30岁以上妇女中有65%的人为了拥有美好形象在定期刮除腿毛和腋毛，而这些妇女主要靠购买男用刮胡刀来满足此项需求，并且消费数额大，形成了一个很有潜力的市场。根据市场调研结果，吉利公司精心设计了适合女性特点的新产品，并拟定了几种不同产品"定位观念"到消费者中征求意见。最后，公司根据多数女性消费者的意见，选择了"不伤玉腿"作为推销时突出的重点，以此刊登广告可以宣传，结果，这款"不伤玉腿"的"雏菊"女性刮毛刀一炮打响，迅速畅销全球。

（二）组建创业团队

创业不是一个人的事，而是一个组织、一个团队一起集思广益，共同探讨新思路、新想法、新创意的行为。集体的力量永远大于个人的力量，最好是能组建一支创业团队，一群人在一起集思广益，头脑风暴，协作研发，不断地碰撞出创意的火花。那什么样的团队具备创业团队的条件呢？一般来说，创业团队需要有这么三种人，一种是有想法的人，一种是敢于创新的人，一种是善于归纳总结的人。

1. 有想法的人

创业团队里面需要的第一种人是有想法的人。我们在开展创业活动时，一定要有创新的想法，这个能有想法有思路的人十分重要，他对于能否引领和开展创新活动起到很关键的作用。我们经常遇到很多人，当问到他对一件事有什么想法时，回答最多的答案是没什么想法，没什么想法其实也就是不去想，或是不敢想。而要想创新，就需要有创造性的想法，有创新性的思维。创业团队中一定是由一些有想法、有思路的人组成，这些人的不同想法在一起头脑风暴时，就会发生碰撞，就会激发出火花，就会产生灵感，就会启发他人，而往往这个时候就会产生创新的想法，启发出一些创业的思路。

2. 敢于创新的人

创业团队里面需要的第二种人是敢于创新的人。在目前社会，我们不仅需要有创新的意识、创新的思维，更需要有创新的精神。只有敢于创新，勇于创新，才有可能去开展创新活动，才有可能去尝试创新。如果没有创新的勇气，没有创新的胆量，也不可能较好地开展创业活动，能有好的创业作为。所以，创业团队中一定要吸收那些敢于创新的人，应邀请他们加入创新团队，共同形成创新想法，去一起尝试创新行为。

3. 善于归纳总结的人

创业团队里面需要的第三种人是善于归纳总结的人。创业团队里会经常组织各种形式的创新活动，头脑风暴会议可能随时召开，大家你一言我一语的，说的都很热闹，想的也很美好，但是散会后没有人来把大家讨论的亮点和创新点记录下来，整理清楚，梳理出来。时间长了每个人就记不全了，都忘掉得差不多了，就剩下聊天聊了一个热闹了。所以，创业团队十分需要一个善于归纳总结的人，这个人能把大家的创新思路，创新点记录下来，梳理清楚，成为一个研讨摘要，成为一个会议纪要，成为一个创业研讨的小结，并针对归纳总结出来的东西，进行提炼，提出下一步的创业建议和创业方案，为今后的创业奠定基础。

（三）开发创业资源

创业可以理解为开创一个新的企业。从无到有、白手起家。创业不仅要有资金还要有资源，相比较而言，资源对于大学生创业更重要。

通常所指的资源包括资金资源、人才资源、信息技术资源、政策资源和管理资源等，从这一点看，创业资源本身包含了资金因素。其中资金不足的话可以去当地申请政府创业补贴资金，每个城市都有，只是扶持的力度不一样。

从相对狭义的角度来说，有了资源，就可以设立项目进行融资，融资到位资金问题就迎刃而解。拥有丰富的资源，确定好一个项目，明确好商业模式，编制好创业计划书后可以向众多的银行金融机构贷款。

大学生作为初创者最大的缺点就是抗风险能力极差，即使有好主意也很难把它完善，最终大部分不成熟创业都会被各类风险给刷掉，这种情况下，资源就起到非常重要的作用，有了资源就是收益的最低保障。所以无论大学生能力如何，要有生产就得有资源，谁能独占资源谁就能控制市场。唯一能打破这种规律的方法就是自己造平台，然后用自己的平台去产出，但一般的大学生初创者根本没有这样的资源，导致了创业的困难。

1. 个人的智慧资源

良好的个人素质是大学生创业成功的基础。学生创业要有一双善于发现的眼睛,同样的资源,在每个人的眼中都拥有不同的价值。有的人能发现利用资源,发挥其价值,有的人可能因为熟视无睹就错失了一个利用资源的机会,二者之间的差距仅是思维与观察角度的不同,就导致了结果的不同。创业首先要有智慧的头脑,这样才能牢牢把握住创业的机会,这种个人智慧产生的价值其实就是属于个人的智慧资源。无论是创业方向的定夺、战略的确立和战术的制定,还是市场各种要素及关系的协调、处理与利用都需要创业者用自己的智慧去辨识、洞察。智慧资源是创业过程中创业者的专属资源,也是创业是否成功的关键。在创业过程中除了创业者本身的智慧资源之外还需要他人的智慧资源,创业不是一个单打独斗的过程,也需要汲取他人的智慧资源,为自己的创业过程提供智慧力量。

2. 国家和社会资源

(1) 大学生创业服务指导

对于有意愿创业的大学生,当地会有免费咨询服务机构,大学生可以免费获得由机构提供的创业信息和创业指导服务,具体了解国家对于大学生创业的各种政策信息、就业信息、融资信息等,明确对创业的认识。

(2) 大学生创业相关税费减免

如果大学生是毕业两年以内学习从事创业项目,在开始之日三年之内,可以享受每户每年1.2万元为限额依次扣减其当年实际应缴纳的增值税、城市维护建设税、教育费附加、地方教育附加和个人所得税。

(3) 大学生创业中一般违法从轻处罚

一些社会管理单位在大学生在投资过程当中出现了轻微情节或者是没有对社会和他人造成危害的一般违法行为,只是进行警告的处分,帮助大学生纠正错误,而不会进行任何方面的处罚。

(4) 大学生创业享受培训补贴

对于大学生创业的小微企业项目当中,只要能够签订一年以上的劳动合同并且缴纳社会保险,将给予各方面的保险补贴。另外,对于大学生还有各方面的免费创业培训。

根据相关创业数据来看,有了国家的政策支持,大学生创业相对来说成功率还是比较高的。当今社会竞争激烈,很多大学生无法找到自己比较满意的工作,所以用创业来实现就业也是不错的方式。

3. 掌握市场资源

市场是接触客户和消费者的渠道，只有通过市场渠道来和消费者建立关系，才能推动产品销量。信息化的时代，市场资源凝聚了大量客户信息，市场资源就是销售力。随着商业的不断发展，市场竞争力越来越激烈，掌握更多的市场资源不仅意味着可以节约很多的时间成本，最关键的是能快速熟悉市场资源，实现创业项目的成功发展。市场资源整合的能力将决定着创业者的成功与否。因此，大学生在创业过程中应进行市场调研等工作，尽快掌握市场资源，以便快速适应市场竞争。

4. 获取创业资金

现在创业的人越来越多，大家都想拥有一份属于自己的事业，都想跟紧创业的步伐，但是想创业需要一定的资金。俗话说得好，君子无本难行利。对于大学生来说，刚走出校园，资金已成为创业路上的绊脚石，而当下获取创业资金的办法也不少。目前在大学生创业过程中众筹是一种比较受欢迎的融资形式，因为众筹不受创业项目类型的影响，只要拥有创业项目都可以通过众筹的方式来获得创业的启动资金。另外，寻找合作搭档也是一个不错的选择，合作搭档会提供一定的资金支持，而且一般投资商都是有过创业经验，对于刚创业的小白来说，这样一个带资金且经验丰富的对象是不错的选择。

（四）管理新创企业

管理企业成长、认识企业管理的特殊性要与企业的成长规律结合起来。一般来讲，相当一部分企业会经历组织生命周期的各个阶段。主要包括创建阶段、成长阶段、成熟阶段和衰退阶段。

1. 创建阶段

企业登记注册开始运营，便进入创建期。在这个阶段，企业面临生存的挑战，实力较弱，依赖性强，资源匮乏，在市场上尚未站稳脚跟，需要各方面力量的支持。创建阶段企业销售其初始产品或服务，探索赢利模式，确认搭建的团队正确，确定企业优势和核心竞争力。这是企业创始人的"实习"阶段，他们会把握公司日常运营的各个方面。在这个阶段也是企业规则和程序的建立、运营阶段。这个阶段的企业管理不规范，管理水平低，经常出现无章可循和有章不循的现象。创建阶段企业的主要目标是建起一个良好开端，并探索在市场中获得成长空间。企业在创建阶段的主要挑战是确保初始产品或服务是正确的，并为进一步发展成长做好准备。企业领导者虽然可以在此阶段进行不断尝试，但更重要的是不要冒进。可以将奏效的事情记录下来，并开始思考随着企业的成长，如何把成功复制到其他地方。

2. 成长阶段

成长阶段可以分为早期成长期和持续成长期。早期成长期的特点是不断增加的销量和复杂性。在这个阶段，企业通常仍然专注于初始产品或服务，但一般都会努力提高市场份额并尝试开发相关产品。企业的运营需要更多的人手、资金和技术水平提升的支持。对资源的管理和利用成为企业成长中面临的新问题。在这个阶段，有必要做好两个方面的工作：第一，创始人要将其角色转变为更富管理性的角色，而不是直接关注企业的每个方面。要主动在改变创业初期直接参与构建企业的产品或服务，从"人在企业之中"的管理状态走向"人在企业之上"的管理模式；第二，必须实现规范化。企业制定、执行政策和程序，使企业离开创始人也能平稳地运行。随着企业在某一产品领域有了一定的市场份额，企业慢慢进入持续成长期了。这个时期，企业一般会开始开发新产品或服务，并扩张到新的市场。小企业可能会被并购或与其他企业建立合作伙伴关系。最艰难的决策通常都出现在持续成长期。在这个时期，企业必须建立合理的组织架构，制定完善的管理制度，规范项目流程管理，加强绩效考核，为企业健康快速成长过程提供保证。

3. 成熟阶段

经过扩张阶段的发展后，企业将会进入持续开发新产品，拓展新业务，不断提高销售收入的成熟阶段。随着企业规模的扩大，其发展逐步由外延式转向内涵式，由粗放经营转为集约经营。在企业规模扩大的同时，管理变得越来越复杂，对企业管理正规化、科学化的要求越来越高。企业在多年经营中提高了产品知名度，形成自己的特色产品，甚至是名牌产品。为了进一步发展和规避经营风险，企业通常会向多元化方向发展，这对筹资和投资能力的要求进一步提高。在这个时期，企业通常专注于对产品和服务的高效管理，一家处于成熟阶段的管理完善的企业通常会寻求合作或并购机会，从而为企业带来新生力量。

4. 衰退阶段

一般的企业到最后走向衰退或者死亡是一种正常现象。这需要企业有强大的创新精神，但通过创新推动企业转型十分不易，因为需要克服强大的惯性作用和来自组织内部的抵抗。这也是很少有企业能做到基业长青的原因。

第四节　大学生创业模式及创业风险

一、大学生创业模式分析

（一）新兴创业模式

新兴创业模式在于以知识的创新和转化为基本要素，利用知识与信息提高产值、产量，例如，在新材料新能源知识、循环经济知识、生物工程知识等领域，学有专长的大学生们都可以利用自己所掌握的现代科技知识在市场经济的竞争中开展自主创业活动。

1. 以科技为手段

科技创业主要是指大学生拥有某一产品或技术的独立知识产权或者专利，以其科研成果或专利发明来创办企业。这一创业的基本过程大致是这样的：第一步，是创意的产生，大学生根据自己的专业知识，提出关于科研成果的一些初步想法，按照市场需求确定创意价值和进一步发展的方向；第二步，大学生将创意与想法付诸实践，应用发明创造原理，制造出新产品或新工艺；第三步，是科技成果商业化和产业化的过程，将科技成果引入生产体系。这也是科技创业的难点，不仅需要科技成果具有市场潜力，还要求创业者有完备的商业计划，此外，融资也是关键所在，这需要一个完善的风险投资机制或者融资渠道，政府性的创业基金将大大提高科技创业的产业化成功率。第四步，创办实体公司，开展经营管理。目前，大学生科技创业的主流方式是参加各类创业比赛。这种由大学生创业比赛到自出创业的崭新途径，更需要学校多元化的创新创业教育的支撑与政府创业基金与公共服务的扶持。

科技创业具有很强的新颖性与市场性的特点。新颖性是指产品在市场中比较少销售过，或者生产工艺被在较少企业采用过。市场性是指重视市场是科技创意的出发点和落脚点，市场实现程度是检验科技创业成功与否的标准。

在高科技领域创业适合技术功底深厚、学科成绩优秀的大学生。一般从事领域有电子、信息技术、空间科学、生物医药、新能源、新材料、海洋经济、高端制造业等。

2. 以网络为依托

互联网的蓬勃发展不但衍生出许多新兴的行业，也将给大学生自主创业活动带来巨大的契机。这一创业的基本过程是这样的：第一，需要大学生创业者有理性的心态。第二，选择方向。网络创业有三大方向：软件服务业、咨询服务业和电子商务业。大学生可以凭借专业知识开发出符合市场需求的软件，也可以通过建立设计数据库让网民迅速找到自己所需要的信息。第三，深入网络进行创业。在这个阶段，大学生必须有耐心和毅力，利用已有的交易系统、交易规则、支付方式和成熟的客户群，以技术为核心，发掘客源，开拓市场。

网络创业的特点是成本低。对网络创业者来说，首先，初期投资金额小，开展业务的费用也比较少。其次，风险小。网络创业初期的投入并不高，就算失败，重新开始的机会也很大。再次，投资容易控制。网络创业能较好地控制建店成本和日常维护，没有资金压力及库存积压。最后，方式灵活。网络创业营业时间不受限制，交易不受距离限制。

网络创业是年龄较小、缺少社会经验又无启动资金的初涉商业的大学生创业族的理想创业平台。

3. 以海外为延伸

大学生自主创业模式可以延伸至海外。第一，需要大学生在学习过程中注重国际形势的关注和外语程度的提升，包括国家政策、风土人情、法律制度、特色资源等等，为到海外市场打拼做好充足准备。第二，把握趋势，明确方向。注意研究政策，根据不同地域特色，果断选择创业方向。项目要视当地实际挑选，既要确定其符合时代要求，又要顺应当地的市场变化和营销战略。既要从本企业产品的特点出发，又必须精准地找准当地市场的切入点。第三，建立和拓展海外市场资源，以更好的产品、服务，更低的成本来战胜竞争对手，在国际市场中占得一席之地。

海外创业面临的是不同的价值观与不同的商业文化，其创业过程中主要有以下三个特点：第一，极其明显的地域色彩。在海外，不但语言有所差异，而且生活习惯与国内也不完全相同，因地制宜地进行创业发展至关重要，创业项目必须与海外的当地文化社会相融合。第二，创业活动要积极争取获得当地政府的政策扶持。第三，风险比较大。海外创业主要有经营风险、政治风险、管理风险、收回风险以及项目风险等。

海外创业适合风险意识强、眼界开阔、知识雄厚、技术创新意识明显、心理承受能力强，并且有外语优势的大学生，需要大学生具备迎战风险的意识和良好的适应能力。

（二）返乡创业基本模式

近年来，在"大众创业，万众创新"的号召下，大学生创业蔚然成风。创业地域、创业行业呈全方位、多领域发展。尤其是乡村振兴战略提出后，大批大学生积极投入到返乡创业行列，经过一系列探索和实践，逐渐摸索出一些较为成熟的创业模式。

1. 依附汲取模式

依靠已有的资金和人脉获取相关资源，达到成功创业的模式。有些大学生创业的领域与家中长辈的领域重合或者有交集，可以依靠父辈的帮助进行创业。或者大学生拥有充足的资金可以去加盟一些已经有规模的企业，达到成功创业的目的。

2. 服务创业模式

在互联网高度发达的背景下，大学生自主依靠网络实现低价收购货物，再以正常价格销售，本身不进行生产行为，赚取中间的差价。大学生依靠自身技能，销售技能型服务，实现盈利，如网上帮助找寻书籍等电子资源，视频剪辑，图片修改等。

3. 因地制宜模式

当前各级各类院校众多，各自具有不同的特点，培养出来的学生也各具特色。返乡创业具体选择何种模式，需要结合各自地域特色、各院校学生特点，因地制宜地探索出适合自己学校学生的创业模式。

（三）创业模式的选择分析

基于各院校实际情况的大学生返乡创业模式，采用何种创业模式才是符合实际的呢？应该从政府支持、社会协助、学校培养三个方面着手，创建合乎实际的创业模式。

1. 政府支持层面

（1）政策导向

大学生返乡创业过程中，由于经验不足、农村市场把握不够，与农村干部和村民的交往存在障碍，更为棘手的是创业的项目及对未来的不确定性，使得农村创业具有夭折的风险。政府掌握着公权力，是政策制定者，因此需要政府在政策上大力支持大学生返乡创业，出台一些资金支持的利好政策，降低市场准入门槛，减免一些税负，鼓励大学生去农村实现个人梦想。

（2）加强创业培训和指导

政府需加强对本校大学生创业的宏观指导，优化现有的创业培训体制，全面改革和完善对大学生的创业教育培训。针对创业培训教师加大人才培养力度，形成常态创业教师培育机制，更好地助力创业教师队伍成长。通过搭建创业教师交流平台，实现资源和信息互通，优化创业教育师资力量。

2. 社会协助层面

（1）社会力量资金协助

大学生在创业前期普遍缺乏创业资金，单纯依靠大学生筹措资金是很难成功的，需要外在条件的协助。而我国政府、学校、社会对大学生天然有供给资金的条件：政府每年有大量的教育支出预算、学校有省教育厅创业拨款、社会上企业家通过社会资本对创业支持，因此，可以三方面结合，共同给予大学生资金帮助，解决前期资金筹措问题。

（2）引导社会关注返乡创业

社会舆论的环境会直接影响大学生创业的意愿，虽然现在整体的政策导向是鼓励支持大学生创业，但难免也有人对受过高等的大学生返乡创业有偏见，刻板的认为大学生应该进入企业、政府等工作单位。应该纠正这些人的偏见，让大众认识到大学生返乡创业是给更多的乡村人民创造就业岗位，实现乡村致富。

3. 学校培养层面

（1）课程设置

为了能适应大学生返乡创业的培养需要，进行供给侧的改革显得尤为重要。学校应以培养学生创业意识为主，开设具有针对性的创业课程，鼓励学生组建合作小组，直面创业问题，加强团队之间的磨合。鼓励学生敢想敢做，激发创业兴趣，邀请成功创业者们回归课堂现身说法，增加学生们对创业的认知与热情。

（2）社会实践

理论与实践相结合才能检验出创业教育的成效。学校需成立创业社会实践小组，由教师带领创业学生实地考察乡村环境，分析乡村问题，结合乡村实际情况，用案例教学的方式，教导学生，鼓励学生用不同的眼光看到乡村中潜藏的机会，并从实践中积累经验，为实际创业奠定基础，进而实现创业梦想。

二、大学生创业风险分析

（一）客观创业风险

1. 技术风险

企业面临最大的创业风险是技术风险。创业项目面临最大的瓶颈为现有技术保护、技术研发和产品更新迭代。创业项目拥有的区域优势和核心技术虽能帮创业者顺利度过创业的初创期和成长期，但如今面临激烈的市场竞争和产品复制，成熟阶段如何突破这个问题让创业者比较困扰。由此可见，处于成熟期的创业公司仍有技术保护风险能力和技术研发风险能力不足的问题。

技术保护不足导致风险较高。农村创业者产权和品牌化意识不足导致其技术保护风险能力不足。经济欠发达地区农村创业者虽然建立了核心技术却不知道如何保护，以至于其创业项目停滞不前甚至会到衰退期阶段。技术研发能力较低导致风险。青年在农村创业者的创业项目主要为第一产业，面对技术研发风险诸多因素的限制：无过多研发资金、低估技术研发与实验的难度与复杂性、技术不成熟导致无法达到产业化或系列化要求、技术引进不成功、新技术被模仿或快速替代、技术不先进等，都导致了技术风险发生。

2. 自然、经济风险

经济欠发达地区农村创业者面对自然风险，在项目起步时，创业者对气候和天灾之类的消极影响未能及时地识别和规避，但在项目成熟阶段，他们总结先前的经验教训，并会及时地主动地去了解气候变化。

在初创期，青年农村创业者的经济风险控制能力则较弱。在生产和销售等经营活动中，他们不能较好地了解市场供求关系、生产规模和产品更新周期等因素的变化。在初期，面对经济风险有公司提供的创业资金有限、未能完全打开市场、对市场的需求估算不准确等等的问题。随着项目的发展与成熟，他们对大体能把握市场供求因素，根据供求关系合理地对生产规模进行短期地增减并且能得到充足的创业资金，经济风险控制能力随着企业的成长也会有所提高。

通过对农村创业者的走访发现，大多数农村创业者的创业项目都具有前期资金投入大、回收周期长的特性，例如果树种植、民宿等，易出现资金套牢的情况。且由于创业项目的特殊性，在很多情况下会受到自然、经济等风险的影响，如自然灾害摧毁农产品、市场供过于求导致价格降低等情况，会造成创业者的资金链受到严重的影响。创业者一般都没有预估到项目未来资金的周转情况、没有精准预期资金回收周期，资金会出现周转速度慢，资金难以运转的问题。因而，在对风险感知、分析、决策实施的过程中，创业者缺乏足够的资金去采取相应的措施，影响创业者风险控制能力的效果。

（二）主观创业风险

主观创业风险，是指在创业阶段，由于创业者的身体与心理素质等主观方面的因素导致创业失败的可能性。

1. 热情大于能力，理想超越现实

很多大学生在创业活动中存在眼高手低的倾向，他们没有分析自己的现实条件和可利用的资源优势，却过高地设定目标，缺乏明确的自我定位，也不善于捕捉敏锐的市场信息和动向，造成网络创业活动经常"胎死腹中"。大学生创业的思想并不是中国首创，在西方发达国家，大学生创业已经拥有诸多成功先例。比如，微软总裁比尔·盖茨、脸书（Facebook）的执行官扎克伯格。这些都是福布斯排行榜上赫赫有名的人物，他们都曾在大学期间实践创业理念，最终取得了举世瞩目的成就。但每个人的成功都是不可复制的，如果忽略了对自身条件的冷静客观分析，就容易招致失败。很多大学生盲目创业，不假思索地进行投资，梦想着快速回本实现盈利，一旦遇到经营困难或其他问题便消极退缩，失去信心，最后自断后路。由此可见，大学生创业的心理尚不成熟。除此之外，大学生在创业准备过程中缺乏对方向的把握。目前，大学生创业主要集中在服装、美容、零食领域。虽然进入这些产品领域的门槛较低，但大学生没有进行详细的市场调查，也没有结合自己的专业确定创业规模和创业方向，导致创业活动呈现同质化倾向，在实际的运营过程中很容易陷入资金短缺、投资收益率不高的窘境。

2. 缺乏相关专业知识

除了缺乏前期的市场调查，大学生创业活动经常受限于经济基础和专业知识。很多大学生经济基础比较薄弱，基本上处于白手起家的状态。在当前社会主义市场经济发展模式下，过于薄弱的经济基础在创业初期可能会使创业者捉襟见肘。因此，对于经济基础比较薄弱的大学生来说，其最主要的创业模式是在网上开店，这种运作模式只需要交纳一定的保证金就可开店铺，成本较低，管理方式灵活，对网络运营作息时间也没有过多要求，比较适合大学生群体的创业活动。但是，如果长期拘泥于网店经营模式，就会导致大学生创业形势单一，无法开发创业潜力，甚至导致产品同质化倾向过于严重，不利于创业系统的健全。同时，很多大学生缺乏创业知识，创业并不是大学生一时兴起利用网络工具或其他工具创业就可以成功的，真正的创业活动需要学习相关创业知识。如果不了解相关行业的基本运行链条和运作模式，就容易画地为牢，自我设限。在收回资金成本、获得运营收益之前，大学生创业第一步就是要提高自己企业的知名度和产品信誉度，定位客户群体，控制销售成本，完善销售流程，但这些基本的操作对大学生来说有一定的难度。如果大学生缺乏系统的创业知识，必然会对其创业活动的成功造成阻碍。

3. 缺乏创业风险意识

大学生创业失败的因素大多集中在风险意识差这一个方面。风险指的是大学生在创业活动中或者在实现创业目标的过程中存在的诸多内外部因素，这些因素包括技术、资金运营和市场环境等多个方面。大学生由于缺乏社会阅历和创业实践经验，大多数人的个人素养达不到创业的要求。因此，在创业活动进行之前需要对创业项目进行专业分析，全面考量创业项目的竞争优势、市场饱和情况、技术难题和货源问题。还有很多大学生创业者虽然在第一轮的筛选中存活了下来，获得了一定的生存空间，但在进一步拓展时，由于团队内部管理出现分歧，没有适时调整，导致创业项目内部的核心凝聚力下降，造成创业失败。

（三）提升风险控制能力的对策

1. 政府扶持政策落到实处

近年来，党和政府针对大学生创业者相继出台了一系列政策，为经济的发展提供了重要保障。但政府对大学生创业者的支持力度仍然不够大。因此，政府首先需加大对大学生创业者的政策扶持力度，降低其风险，提升大学生创业者的成功率。其次，政府可以通过财政补助保费，鼓励商业保险公司承保大学生创业者的创业项目，从而将大学生创业者的风险降到最低。还应适当增加保险种类并扩展承保范围，适当加大保险力度，激励大学生投身创业。最后，激励银行提供小额贷款。资金问题是大多数大学生创业者在创业过程中遇到的首要问题，普遍存在大学生创业者由于资金问题无法扩大规模生产提高收益。政府部门可以激励银行为大学生创业者提供小额贷款，并简化贷款流程，同时适当延长贷款期限。根据各地区情况，政府部门还可面向大学生创业者实行减税、免税等政策，降低其部分经济风险。

2. 强化创业教育能力

（1）提高当地的教育水平

多数地区的创业教育资源有限，大学生创业者没有系统地学习过营销、税务、管理、法律等方面知识。只有不断地提升创业教育水平，对大学生创业者进行相应的创业教育培训，提升其科学文化素质和相关知识，才能降低创业风险，提高创业的成功率。

（2）加强创业素质

大学生创业者是创业的核心。大学生创业者只有不断地寻求自身能力的提升，才能提升自身对风险控制的能力。大学生创业者需要提升与创业领域相关的知识或技术，尤其是自身经济管理素质。大学生创业者对经济风险的控制能力是较低的，缺乏对经济风险的全面认识和应对各种突发经济事件的方法。大学生创业者大多受教育水平有限，对于经济管理方面的相关知识更是知之甚少。因而，加强大学生创业者自身的经济管理素质是提高他们经济风险控制能力最根本的措施。

各地区人社部门精准组织大学生创业者进行经济管理课程培训，提供财务管理指导，引导大学生创业者形成"得财先理财"的思想。鼓励大学生创业者多加了解经济类政策，利用小额贷款政策，创业优惠政策，贫困帮扶政策等，帮助自身解决经济危机，提高自身对项目经济风险的控制能力。

3. 采取针对性创业政策

在初创期。大学生创业者在初创期项目刚启动，会面临较大的经济风险、政治风险。在这一阶段，大学生创业者应当寻求创业规模的突破，并且应当积极了解政府对于创业优惠政策的相关信息，将政府的优惠政策用于创业项目，从而降低大学生创业者的创业风险。

在成长期。在成长期这一阶段，创业存在的风险也发生了大大改变，主要是在自然风险、经济风险这两个方面。对于自然风险，应当要建立和完善风险转移机制、健全各种预警和应急机制等方式，提高抗灾防变的能力。要关注创业行业的发展情况，根据该创业行业的发展情况采取相应的措施、对策，从而降低经济风险。

在成熟期。这一阶段则创业项目存在较大的政治风险和技术风险。大多项目已不再符合政府对创业的政策支持，因此，大学生创业者应当根据创业项目同政府在其他方面展开合作，寻求与高校、科研研究所等的合作，不断寻求技术的创新。

4. 合理定位创业项目

针对大学生创业活动中定位不清、盲目加入、过于理想化的问题，大学生群体在创业活动中要进行深入的市场研究和调查，对创业项目进行科学定位。具体来说，第一，大学生要结合自己的专业优势和兴趣爱好对市场情况进行研究，选择创业的领域和方向。在确定方向的过程中，大学生要对行业特点和消费人群进行调查，如果发现市场饱和度太高，就要及时止损，避免盲目扎堆造成同质化现象。第二，要对产品进行合理定位，本着差异化竞争的原则，突出自己的品牌优势和产品特点。比较有名的创业例子就是凡客诚品，这一品牌主要的目标受众是时尚青年男女，商品价格低廉，质量中等，其从创立以来就结合了豆瓣、大众点评等网络软件，突出了文艺小资的品牌特性。只有具备清晰的创业方向和产品定位，才能获得目标受众的资金支持。大学生普遍生活在高校象牙塔，还没有感受到社会真实生活的节奏和压力，建议大学生创业群体走出校园参与社会实践，对目标客户的群体需求进行深入查访。

5. 提高创业风险意识

针对当代大学生创业风险意识较差的问题，需要提高大学生风险意识，从而解决创业初期的第一道风险关卡。如果资金链断裂，创业项目在初期就无法运行。很多大学生在创建企业时并没有考虑到企业的建设成本，造成后期的推广战线过长，无法继续发展下去。例如开网店是众多大学生创业的首选项目，网店若要持续经营，就要保证稳定的供货源，同时账面上需要有稳定的现金流，否则如果市场情况有异动，库存滞销，就会给资金链造成更大的压力。因此，对大学生来说，其在选择创业项目时一定要把零散的资源组织起来，拓宽人脉和资源。另外，应结合市场需求和顾客的兴趣爱好，根据主流趋势选择产品。

6. 合理运用法律武器

大学生在创业活动中要积极学习法律法规及相关常识，并遵守法律法规。近年来，大学生创业活动中经常出现欺诈、传销等一系列问题，导致大学生的合法利益受损。对此，在创业活动中，大学生群体要合理运用法律知识来保护自己和自己的创业团队。随着大学生创业群体不断壮大，国家加大了对其的支持力度，而面对创业活动中存在的天然风险，大学生要合理利用法律武器，一方面降低风险，另一方面窥探政策导向，打好创业基础。

大学生创业有收益也有风险，大学生群体要关注创业风险类型，避免出现利益损失，在创业之前应该对项目进行合理定位和研究，保障资金供应链完整，学习创业相关知识，增强风险意识，并学会利用法律武器保护自身权益，从而提高创业成功率。

第四章　大学生创业准备与指导

大学生创业不是一时兴起，而是经过充分调研与准备开始的一项活动。本章从大学生创业准备与指导的角度剖析，具体谈一谈大学生在创业时，创业团队的组建与管理、创业项目的选择、创业计划书的撰写以及创业营销的策略四方面的内容。

第一节　创业团队的组建与管理

一、大学创业团队的组建

（一）大学生创业团队组建的原则

1. 共同目标原则

在创业团队的组建过程中，应坚持创业团队中的各个成员拥有共同的创业目标、创业理念。创业团队中生产、经营、管理的各个环节都需要专业人才负责，具备这些知识的人员不在少数，但不是每一个人都能成为创业伙伴。只有选择具有共同目标，坚持相同理念的成员，才能把创业团队变成具有相同基础、具有一定凝聚力的创业团队。大学生创业团队是一个有梦想有活力的团体，在创业过程中不断体验奋斗的快乐，但也会面临巨大的压力与挑战，只有大家信念坚定、目标一致，才能有较强的抵御能力。

2. 优势互补原则

在创业过程中，建立创业团队就是为了避免因个人缺乏某一领域的知识而带来的困境，因此，组建团队时应考虑建立掌握多方面知识、多领域覆盖的团队。

无论是产品生产环节、管理环节、营销环节等都应该考虑由具有这一环节知识、处理能力、实践能力的专人负责。在团队的组建过程中要坚持互补原则，懂技术就需要寻找懂管理、营销的合作伙伴。做到能力互补，充分提高团队的整体效能，不同的人们聚在一起实现梦想时，需要一个和谐良好的团队氛围，所以需要根据团队人员的性格特点进行工作分配，根据性格互补达成更好的合作。充分调动团队成员积极性，形成资源互补的氛围，调动一切可利用资源为团队创造价值，通过共同努力，为创业成功打下坚实基础。在团队互补的同时，成员之间要根据具体的分工进行协同配合，团结合作，朝着一个目标共同努力。

3. 持续学习、不断发展原则

创业团队的组建过程不是一成不变的。生产经营、管理、运营环节是动态连续的过程。在创业团队各个环节有了合理分配之后，各个环节的和谐共赢也是一个动态的过程。在创业团队组建的过程中，应该保持团队的动态性与开放性，给予团队成员最大的自由，使其在创业中能自由表达内心真实想法，同时充分尊重其他成员所做的决定。根据团队对于人才的需求不断调整吸引更加需要的专业人才加入团队，推动创业团队向更全面、和谐的方向发展。

（二）大学生创业团队组建中存在的问题

1. 团队同质化程度高

大学生在校时相对封闭，与社会脱节，社交范围狭窄，刚毕业时，短时间内很难接触到更多拥有各种技能的人，有创业想法，更多与身边人分享，付诸实践时合伙人大多是周围的人，身边人中同学占据较大比例，但同学的年龄、年级、专业相仿，有着相似的教育背景，难以满足团队对于技术、管理、营销等各方面人才的需要，组建起来的团队综合能力较弱，一个具有不同技能人才的多样化团队对于创业成功至关重要，急于求成的大学生在组建团队的时候往往不会选择等待找到合适的人再创业，没有经过充分的利弊分析、优劣势评估的团队在多数情况下并不适合创业。

2. 团队结构稳定性差

大学生组建起来的创业团队在运行的过程中结构稳定性差，主要表现在两个方面。

（1）内部出现矛盾、产生分歧

大学生创业团队成员虽然在年龄、年级、专业方面相仿，有着相似的教育背景，但是每个人的成长环境并非完全一样,个人的价值观、加入团队的动机等方面还是存在很大的差距。大学生加入创业团队的动机,主要有以下几种:一是为赚钱;二是出于对项目本身的强烈兴趣;三是出于情感、情义;四是为学到更多技能,增长知识与见识,锻炼自己;五是为积累人脉,扩大社交圈。马斯洛需求层次理论表明,处于不同的阶段,人生需求不同,动机取决于需求,动机影响行为,面对问题,各成员举动折射各自动机,动机不同,矛盾与分歧容易产生,处理不当会造成团队涣散。

(2)人员流动大

当初饿了么团队为了完全投入创业,张旭豪主动放弃香港理工大学深造的机会,与康嘉一起休学,叶峰在2010年本科毕业后,放弃进入微软的机会,选择创业,这是很多失败的大学生创业团队的成员做不到的。进入门槛低、缺少明确合理的成员选择机制,中途随意加入人员的现象常见,安置不当甚至出现人员冗余状况;退出成本低下,由于各种各样的原因,尤其是在校大学生面临毕业或者创业面对瓶颈时,为了进一步深造、出国等,很多人选择终止创业,中途退出,造成团队人力资源的流失。

3. 团队负责人缺乏经验

在当前大学生创业团队中,由于负责人未走出校园或刚走出校园,经历少,对于各种问题的解决缺乏相关经验,根据主观判断提出相应解决方案的现象普遍,问题的解决不符合市场规律,创业逐渐偏离轨道,走向失败。缺乏市场洞察力,创业团队对于市场环境认识不清、市场形势把握不到位、市场需求分析不全面,大多数创业团队偏向于选择进入不适合自身状况但进入门槛低的行业以求从此突破,打开市场。

4. 团队缺乏规章制度

熟人组建起来的创业团队,碍于情面,出于不好意思,担心清晰明确的权、利分配条例影响情义,团队在利润分配、人员安排、绩效考核等方面缺乏严格的规章制度,权责不清,人员分配不均,相互推诿,缺乏活力,矛盾频发,效率低下。

(三)大学生创业团队组建问题的解决策略

1. 领导力

团队构成中需要有明确的位置分配与合理的资源管理,基于此,领导力显得尤为重要。领导力具象为领导者自身人格魅力对他人的影响，团队位置赋予自身的权力。领导者的人格魅力体现在团队成员愿意协助并听从团队内部领导者的安排决策，并借此魅力营造团队的融洽和谐。另外，领导者具备对于重大事务、团队内部资源分配、团队内人员变动等的决策权。一个成功的团队离不开优秀的领导者，他让团队保持着活力，在正确的道路上不断行进。

2. 合理分工

一个优秀的创业团队应该是各方面优秀人才的集合。"尺有所短，寸有所长"形容团队内部成员最为合适，因此，对自身要有清晰的定位，并且根据项目目标的需要分担不同领域的需求内容。用己之所长补团队所短，以此来超越个体处于社会性质的局限性，发挥团队内部互补协作的优势，达到 1+1＞2 的成效。

在艰难复杂的创业过程中，将任务合理化分配，通俗来说就是繁重的工作量大家一起完成，找适合的人做适合的事，要相信队友永远比你想象得优秀。将繁重的工作合理化分工，能达到事半功倍的效果。

3. 制度规范

古语有言："没有规矩，不成方圆。"一个成功的团队需要制度规范成员行为，规范团队正确发展，并且通过建立奖惩分明的制度来维护团队的可持续发展。制度是约束，它是划清了康庄大道与万丈悬崖的分界线，使成员理清心绪以团队利益为中心，将团队目标作重点，不会偏离最初的轨道，一步一步向着团队的共同目标前进。制度是动力，良好的激励机制通过满足成员客观需求来提高团队成员的主观能动性，调动大家的积极性，使团队更具活力。

4. 团队凝聚力

一个人没有团队精神将难成大事，一个企业如果没有团队精神将成为一盘散沙，一个民族如果没有团队精神也将难以强大。团队精神为团队带来的并不是物质上的满足，而是精神上的欢愉，借此增强团队的凝聚力。首先是团队本身的魅力，团队的精神、行为作风、组织形态等适合成员，吸引力越大，成员对团队产生好感，全身心投入团队的建设。这份好感慢慢发展为对于团队的信任与依赖从而产生"心理契约"。团队成员凭借这份"契约"更加信任彼此，进而建立坚不可摧的团队关系，在面对挫折时更加坚定、勇往直前。

二、大学生创业团队的管理

（一）大学生创业团队管理中存在的问题

1. 团队成员之间存在问题

（1）团队成员职能划分不清晰

大多数高校大学生因为一直在高校学习，缺乏管理实践经历，管理经验大多缺乏甚至空白，在创业团队组建的管理过程中都是"摸着石头过河"，绝大多数创业团队都是属于"星状创业团队"——即以某人为核心进行的创业团队。这种团队由于单核心，往往导致该创业团队在很多方面缺乏专业人才，团队成员间的能力极容易出现重叠，团队成员之间不容易形成能力互补，使得核心人员在进行团队协调时难度较大。团队创业过程中面对一些问题时，因为缺乏各方面人才会使得核心人员在进行决策时缺乏全面性，从而影响整个创业团队的发展。

（2）团队成员间没有信任基础

高校大学生创业团队成员来自各个高校，都是因为相同的目标才组建的创业团队，在平时并无太大问题，但在团队遇到问题需要及时做出决策解决时，当成员间意见不一致或失去话语权及自身利益受到影响时，都会影响团队成员之间的信任感，这种不信任感随着时间会对团队成员的工作造成束缚，影响整个团队的工作效率。

2. 个人与团队的目标冲突

一个创业团队的目标往往是从团队未来发展方向去考虑的，而高校大学生创业团队成员缺乏社会经验、另外现在的大学生多是独生子女，从小考虑问题习惯从自己的角度去考虑，看重自己利益及发展，因此很容易与团队的目标产生冲突，而在成员缺乏大局观时高校大学生创业团队又缺乏完善的管理制度，因此在团队发展过程中因为个人与团队目标的冲突会使得个人在工作当中会有压抑感，进而将这种情绪传给团队其他成员，影响整个团队的工作环境。而团队的核心人员因为是团队的决策者，因此在做出决策时没有其他人给出相应的建议，使得做出的决策会带有武断性，在未了解实际情况下就会做出决策。

3. 团队成员绩效管理

高校大学生创业团队成员来自各个高校、各个专业，彼此之间生活经历、专业能力及综合素质都不相同，因此创业团队在创业过程中的绩效管理容易出现以下两种错误。

（1）将工作行为作为考核重点

在创业团队的管理过程中，为了对团队成员进行约束，容易出现将绩效管理的重心放在对团队成员及团队的工作行为上，因此常常会制定出规矩繁多的工作制度及大量的工作汇报，将团队成员的工作时间耗费在遵守工作规则及汇报上，这种严格的管理制度在实际应用中并没有发挥管理者所期望的作用，这种制度使得团队的工作效率大大降低，同时极大地影响了整个团队的工作活性及创造性。

（2）强调团队成员的自我管理

在创业管理过程中，管理者容易出现让团队成员自我管理、自我决策的情况出现。然而这种制度会使得团队遭受更大的损失。对于每个问题成员之间因为经验及阅历上的局限性看法往往是不全面的，若是不进行沟通直接让团队成员自行解决往往会造成更大的损害，同时团队成员之间也会因为缺乏沟通在默契度上会更加缺乏。

（二）大学生创业团队管理问题的解决策略

1. 问题纠正坚持常态化

团队问题纠正是团队管理过程中的一个必要环节。经常进行自我纠正和反思的团队能够正确把握前进方向，及时止损。团队成员难免会出现方向走偏或者意见分歧等情况，有的会碍于面子或者情义而减少问题纠正，使纠正效果大打折扣。因此，在项目进展过程中，需要实事求是、具体问题具体分析，降低项目出现偏离主线、团队合作力下降的风险。

2. 任务分配坚持精细化

由于团队成员各有所专，在管理过程中，应该根据各人专长进行任务分配。同时，应明确界限意识，防止责任推诿，需要明确每位成员具体应该完成的任务。即对任务进行具体化、精细化分工，避免因成员未完成任务而拖延项目进度。

3. 积极性调动坚持动态化

动态化是指队长轮岗制。固定的成员角色设置容易让成员产生疲惫感，大大降低成员工作积极性，从而降低团队的工作效率。麦德森团队提出的队长轮岗制对解决此问题有明显效果。不同的时间段由不同的人担任队长，可以大大激发成员的积极性；让成员站在彼此的角度思考问题，更有利于彼此间的合作。这一制度也容易造成任务执行的断层，需要成员间妥善交接任务，保证项目进展的连续性。

4.团队管理方法科学化

(1)绩效管理法

在高校大学生创业团队间较为科学有效的管理方法就是绩效管理。团队成员来自各个高校各个专业,因为同一个目标加入团队,成员之间能力素质都不相同,如何将每个人的能力得到充分发挥,使得物尽其用、人尽其才是非常重要的,这种较大的差异性在弥补团队各方面能力的同时,给团队的管理提高了难度。而通过绩效管理可以使得团队成员的能力得以区分,能够针对不同成员的能力进行妥善安排,保证每个人的能力与其工作难度相匹配,也保证工作贡献与利益分配能够公平。在团队发展过程中出现矛盾时也可根据自己管理者的身份进行协调解决冲突,在保证每个成员能够稳定工作时根据团队发展及个人能力合理安排团队绩效,保证团队成员跟随团队一起提高。

(2)建立激励制度

合适的激励制度可以极大地提高团队成员的工作热情,增加工作效率。团队的发展过程中总是不可避免地会出现成员疲惫、怠工、消极等负面情绪出现,这些主观性的东西单纯靠沟通是无法解决的,因此需要合适的激励制度适当对团队成员形成激励。激励的方式也多种多样,主要包括物质激励及精神激励。精神激励包括对团队成员适当的人文关怀、最近生活状况的关系、适当的口头表扬以及树立榜样让成员学习等;而物质激励则包括金钱、奖品等奖励方式。通过多种激励方式并行而保证团队能够持续发展下去。

(3)培养团队精神

团队成员有了共同的奋斗目标之后,在奋斗过程中需要成员团结协作,共同克服团队发展过程中碰到的问题。团队成员每个人都有自己擅长的一面,相应的也有自己所不擅长的,在面对问题时光靠一个人往往无法解决问题,因此需要团队成员之间相互配合、共同解决。团队配合解决问题的过程也能够培养团队的凝聚力、信任感,让每个成员都认识到自己是团队中的一分子,共同为整个团队的发展做出自己贡献。提高团队成员的参与感,也能在解决问题的过程中认识到自己的不足,相互学习、成长、进步。

(4)建立双层考核制度

团队的发展除了激励制度保证团队成员的工作热情之外,也要建立个人与团队两者的双层面考核,在衡量个人在工作中做出的贡献外还考核团队的成果,让团队成员有集团荣誉感,认识到自己是团队的一分子,而不再继续单枪匹马进行工作，在实际工作当中学会与他人配合，将所参与团队做大做强。通过个人与团队双层面考核的制度，让团队成员在工作中具有团队意识。

高校大学生因缺乏社会实践经验及团队管理经验，在创业团队组建管理过程中不可避免地会出现各种各样的问题，但是只要团队成员万众一心，运用合适的方式让其能够妥善解决团队组建过程中的管理问题，就能保障团队的良性发展。

第二节　创业项目的选择

创业项目是创业者创业的抓手，是成功创业的关键，是创建企业的基础。任何一位创业大学生都渴盼能选择到恰当、适合、可持续的创业项目，选择过程中应深入了解创业机会及其识别、创业项目选择原则及其方法步骤，这样才能做到科学选择、精准选择、有效选择。

一、创业项目的机会识别

（一）创业机会识别阶段

创业机会是具有商业价值的创意，预期产生价值，清晰的"目的—手段"组合，是产生创业项目动力之源、发展之基。创业机会一般表现四方面特征。一是吸引力。吸引力强的创业机会才能激发创业者创业欲望和激情，产生创业冲动。二是持久性。创业机会持久性决定创业企业成长环境和生命长短。三是时效性。所谓时效性并不是创业机会转瞬即逝、昙花一现，而是从商业创意到创业项目转化时间短、成本低、价值大。四是依附于为用户创造或增加价值的产品、服务或业务上。对创业者个体而言，创业机会识别过程分为五个阶段：准备阶段；孵化阶段；洞察阶段；评价阶段；阐述阶段。

（二）创业机会识别的方式与方法

1. 识别方式方法

创业机会识别方式。一是系统搜寻。即通过有意识的系统搜寻来发现创业机会。二是意外发现。通过两个维度可构建创业机会发现的二维框架，从而解释不同行业和不同类型的创业现象。创业机会来源于四种情况：惊喜发现、周密搜寻、坐享其成和意外发现。这给大学生创业启示是：如果想寻找创业机会，一方面应该努力学习好专业知识，另一方面还应该进行高主动性的系统搜寻活动。

2. 创业机会识别方法

一是新眼光调查。进行大量阅读，获取大量信息，这对发现问题及更加快速地切入问题有帮助，建立自己的直觉和"新眼光"。二是系统分析。多数机会都可通过系统分析得到识别。借助市场调研，从环境变化中发现机会。三是问题分析。市场痛点、顾客需求点既是产品或服务卖点，也是企业发展支点。从一开始就要找出个人或组织需求和面临的问题，这需要全面了解顾客需求，以及可能用来满足这些需求的手段。四是顾客建议。一个新机会可能会由顾客识别出来。五是创造需求。在新技术行业，在明确拟满足的市场需求后，积极探索相应的新技术和新知识，也可能始于一项新技术发明，进而积极探索新技术的商业价值。

二、创业项目的产生因素

创业项目产生由多方面因素决定。这些因素可分为两大类，一类是宏观环境因素，一类是创业者个性特征。宏观环境因素主要包括：经济因素、政治法律因素、社会文化因素、技术因素、人口因素、自然地理因素等。创业者个性特征主要体现在经验、认知、社会网络、创造能力等方面。宏观环境因素的变化产生众多创业机会，比如受新冠肺炎疫情影响，创业市场呈现出两种别具特色的新经济力量。一是以健康管理、DIY饮食、零售配送、在线办公和在线教育等为代表的"宅经济"；二是围绕消费者新需求，并有能力快速导向产品新研发、营销新沟通、销售新网络建设，提供迭代型新产品和新服务的"后扬经济"重要力量代表有金融保险、新电商服务、新餐饮服务等。创业者可通过运用认知能力，发挥主观能动性，对环境因素变化进行识别和预测，对供给与需求不均衡状态进行分析和研究，发现由于环境变化造成的商业机会，并抓住机会，则能产生新产品或提供新服务。

三、创业项目的技术应用

（一）基于物联网的技术应用

随着互联网技术的广泛应用和各类传感器的日益成熟发展，物联网的大规模应用已经展开，且涉及的领域十分广泛，我们可以围绕互联网的技术应用去设计创业项目。物联网的技术应用有两大领域可以重点考虑，一个领域是安防系统，另一个领域是智能家居。以智能家居领域为例，如智能室内灯光控制、智能窗帘自动控制、智能浴缸水温控制、智能空调控制、智能电视控制、智能冰箱控制、智能电饭煲控制、智能扫地机器人控制、智能床垫控制、智能按摩椅控制、智能音响控制、智能音乐喷泉控制、智能浇花控制等。

（二）基于无人机的技术应用

近年来，无人机技术发展很快。无人机承重和续航能力都有显著提高，蔽障和目标识别技术也有很大的提高，在民用和军用领域都得到广泛应用，我们可以重点从这入手设计构思我们的创业项目。在民用领域里，无人机可以用于地质勘探、路况侦察、灾区侦查、救援指挥、物流快递、农药喷洒、海上侦查、活动表演等；在军用领域，无人机可以用于高空侦察、敌情侦察、空中预警、反恐应用、编队布阵、信息干扰、自杀爆炸和武装无人机等，应用范围十分广泛。

（三）基于新材料的技术应用

随着新材料技术的发展，新材料领域也存在很多的创业机会。如石墨烯电池、碳纤维服装、纳米材料涂料、高温合金航天零件、高分子复合材料橡胶、超导金属材料、防腐防锈油漆、隐身坦克材料、柔性显示面板材料和防辐射防高温救生衣等新材料在生产和生活中的具体应用，都可以形成不同特色的创业项目。

四、创业项目的选择

（一）选择原则

1. 盈利性原则

在进行项目初选时应认真计算权衡创业项目的投入与产出，对经济效益进行计算、分析和评价，投资项目要有较高的投入产出比，即投资要讲究回报率。

2. 创新性原则

创新是企业家对生产要素的重新组合，主要包括开发新产品或改造老产品、开辟新市场、采用新的生产方式、获得原料或半成品的新的供给来源和实行一种新的企业组织形式等。创造新、奇、特事物，这是创新最主要特点。

3. 渐进性原则

创业是有风险的。在选择创业项目时，应当遵循量力而行、渐进可持续原则。起步不要贪大求全，以较少资本进行创业，先了解市场，等待时机成熟，创出特色，从而使势力发展壮大。

（二）选择方法

在面临资源优势不足、市场运营能力不强、资金实力不厚等诸多困难前提下，即将创业的大学生，面对深不可测的创业市场、应接不暇的创业项目，往往不知所措、无从下手，常常问计于亲朋好友、同学、创业培训机构。如何在众多可供选择的创业项目中，选择出符合个性特征、具有市场发展潜力、进入壁垒较高的"黄金项目"，下述方法可供大学生参考。

（1）关注变化，从趋势中挖掘创业项目

外部环境因素变化蕴含着丰富机会，这为新企业诞生创造条件。有些变化将带来产业结构整合、消费结构升级、政府政策调整、甚至是思想观念转变。创业者只有明确这些变化的环境趋势对创业项目造成的影响，才能真正把握商机，获得创业成功。

（2）从需要解决的日常生活问题中挖掘创业项目

日常生活中，用户常常碰到急需解决的一些问题、纠结和抱怨，称之为"痛点"。每个问题都是一个绝佳的隐藏着的机会，"痛点"解决方案，本身就是一个好的创业项目。创业大学生发现某个"痛点"，提出解决方案，然后"谆谆告诫"消费者，并解决这个问题。除了"痛点"，还有"痒点"。"痒点"是促使消费者心中的"想要"，让消费者一看到一听说产品，心里就痒痒，就特别有兴趣，特别向往。

（3）对现有产品深度挖掘、改进

有些"痛点"，市场已有相应产品，但还不是很完美。将市场上现有产品进行改进、提升、完善、转换，将成为新的创业项目。通过链接，将不同产品结合到一起产生创业项目。

同时，对创业资源和能力都比较有限的大学生来说，借助连锁加盟品牌优势、技术优势、营销渠道优势，可以快速实现自主创业。

第三节　创业计划书的撰写

高校创新创业教育作为国家创新驱动发展的重要战略，在高校大学生高质量创业就业中尤为重要，有助于培养学生的创新思维能力。创业计划书作为大学生提交创业大赛作品的关键要素，如何撰写是大学生参赛时必须考虑的问题。对于创业者来讲，创业计划书是从企业大局入手做出的规划，其在融资中尤为重要，同时，在创业计划书的撰写中，能更清楚地了解企业的发展现状，全面评估其核心竞争力，此外，企业发展的各个阶段都需要创业计划书，从而实现融资的目的，为企业发展指明方向。

一、创业计划书的含义及存在的问题

创业计划书就是我们的创业策划方案，它不仅是创业者的创业指南和实施路径，也是叩开投资者大门的"敲门砖"。创业计划书既是给自己看的，也是给创业合伙人和投资人看的。给合伙人看，是为了向对方描述清楚该创业项目的未来发展前景和盈利性，邀约对方加盟一起创业；给投资人看，是为了获得投资人对项目的认可，争取创业融资。近年来，创新创业大赛如火如荼，一浪高过一浪，创新创业大赛评审的主要材料就是创业计划书，所以，学会编写一本高质量的创业计划书对于取得创新创业大赛的好名次十分重要。目前，我国绝大部分的创业者都没有接受过创业计划的专业培训，创业者不知道该如何进行创业策划，不了解创业策划的过程，不清楚创业策划的重点，不明白创业策划的重要性。从近年来我国高校组织的大学生创新创业大赛中，可以发现很多大学生的创业计划书模块不完整，项目内容分析不透彻，市场策划不到位，项目风险分析不全面，编写的创业计划书质量普遍不高。从参赛的创业计划书中发现主要存在以下10个方面问题：（1）不会提炼创业项目的产品服务特色与优势；（2）不能清楚地描述市场容量与竞争态势；（3）不会用SWOT、PEST等管理工具；（4）不会组建和包装优秀的创业团队；（5）不会制定公司发展战略和市场策略；（6）不会采用创新的商业盈利模式；（7）不会估算和筹措创业项目启动资金；（8）不会制定创业项目前三年发展规划；（9）不会完整地分析创业项目存在的风险；（10）不会制定有效的风险控制措施和预案。

二、创业计划书的撰写内容

创业计划书，是为创业发展计划而制作的书面文件，即创业者为实现招商融资的目标，结合一定的内容要求而编辑整理的向受众展示项目发展现状、未来潜力的书面材料。通常创业计划书旨在以投资人为目标的阅读群体，说服其进行合作投资。创业计划书全面体现了创业者的素养，这是企业跨越式发展的重要载体，其既是企业能否成功融资的关键，更是企业发展的核心管理载体。

创业计划书撰写的目标旨在帮助创业者更好地阐述创业项目和产品，并指出项目的价值及从中获取的利益。与此同时，创业计划书的撰写能帮助投资人更好地了解项目详情，从而提高其对项目的执行效果。

（一）创业项目简介

创业项目简介作为投资人了解创业项目的重要方式，因此要注重其简洁性，调动投资人对创业项目的兴趣，让其迫不及待地想参与项目投资。因此，在写创业项目简介时，项目名称尽量不要直接用公司名称，尤其是对于创意阶段的项目，重点要体现其项目的定位和竞争力。

（二）行业背景及市场现状分析

投资人通常关心项目会为用户解决什么问题。与此同时，投资人还会从行业背景等角度审查产品、项目，评估产品或项目是否解决了用户的实际问题。因此，应详细分析与项目相关的行业背景、政策法规、发展趋势等因素。鉴于此，行业市场分析要讲究针对性，避免泛泛而谈，在当前市场背景的描述下，应明确发现哪些市场需求点和痛点。在具体的分析过程中，应借助案例或数据的手段，分析其当前的竞争格局和服务，说明当前是开展项目的最佳时机。

（三）明确创业项目的具体内容

投资人在项目评阅中判断其是否具有投资价值时，其最为关注的问题是该项目能否拉动经济发展，或能为投资人带来什么样的利益，而决定利益的关键在于产品或项目本身。因此，关于项目的定位要清晰、明确，用简单的话指出要准备做什么事，同时可以搭配产业链功能示意图、工作流程图等，让投资人能更清楚其做的事情，这种项目设计通常包括取得用户认可、规模化效应、市场需求量大等要素。

（四）发展现状及后续如何做

在创业计划书中，要明确采取什么样的解决方案，能解决发现的市场需求点、痛点及机会点等，整理项目产品的独特价值和优势。比如，是否具有高价值的知识产权、是否具备科技成果转化的背景等。另外，要说明未来怎样才能实现盈利，也就是商业变现和盈利模式等，通过这种盈利模式的介绍，突出产品及解决方案，充分发挥其应用价值，并从关键维度入手，对比分析产品的横向价值，梳理项目的战略规划，涵盖生产、销售、研发、市场等环节，并借助数据总结说明其变化趋势。如项目是什么、解决了什么样的问题或痛点、具体盈利模式是什么、预计什么时候可以实现盈利、发展战略规划是什么、已有哪些资源、如何保障计划的顺利进行、需要投资人给多少钱、打算出让多少股份、各个项目发展阶段的差异性等。

（五）项目团队执行能力分析

创业团队在创业项目中发挥着重要的作用，创业能力强的团队通常具有高效的执行力，从而实现项目的可持续发展。因此，在创业计划书中，创业团队要明确自身的优势，从而赢得投资人的青睐。通常来讲，团队执行能力的介绍主要从核心团队、创始人及团队管理模式入手，并分析个人能力与岗位的契合度。

（六）融资计划与财务预测

融资计划与财务预测作为投资人最为关注的问题，需要企业花费大量时间。财务分析预测旨在对数据的统计分析，从而让投资人更好地了解企业的发展现状。通常情况下，创业计划书应评估项目的财务收支情况，在未来的融资计划中需多少资金、多少股份及这些资金的用处等。在这个过程中，通常会用到资产负债表、现金流量表及项目盈亏平衡表等，因此项目团队应配备专业化的财务成员。

综上所述，创业计划书作为创业者的重要工具，其内容成为评估创业项目的重要标准。与此同时，高校日益突出大学生创新实践能力的培养，从而实现创新创业教育的深入改革。由此可见，创业计划书撰写的主要目标在于"将项目讲清楚""阐述有说服力"等，清晰介绍自身的产品、解决项目及服务等。

三、创业计划书的意义

创业者为什么要写创业计划书呢？因为创业计划书对于创业者能否创业落地，能否顺利实施项目，能否获得创业融资，能否在创业中生存下去，并最终获得创业的成功具有至关重要的作用。创业者编写创业计划书的过程，实际上相当于一次在沙盘上模拟创业的实践过程。

创业者制定策划方案的过程，其实就是不断地梳理创业项目思路，审视创业项目的成熟性、完整性和创新性，凝练产品与服务的特色和竞争优势，创新商业盈利模式，预测创业实施目标，分析创业中可能存在的风险，研究需要制定的风控措施，评估创业项目的可行性的过程。

（一）项目自省：梳理创业思路

在创业融资前，创业计划书的受众对象是创业者及投资人。首先，创业者应认真对待自身的资源，详细分析市场情况，并制定出最基本的竞争策略，明确行动计划，保证在后续的创业活动中有的放矢。其次，创业计划书是创业资金准备及风险分析的重要形式。针对初创的风险企业来讲，创业计划书发挥着重要作用，一般情况下项目比较模糊，通过撰写创业计划书，整理正反意见，最后再逐条推敲，这样，创业者、投资人才能有更为清晰的认识，从而保证认知项目的可行性。

（二）融合资源，革新项目管理

创业计划书的撰写，能帮助创业者更好地感知项目，从而科学把握其经营思路。创业计划书既为企业内部的发展明确了方向，也为企业和项目提供了合理的效益评价体系和管理监控指标。创业计划书为创业者的创业实践提供了重要指导与参考，通过梳理创新企业的广阔发展前景和潜力，增强管理层对企业未来发展的信心，并指出要参加什么项目活动，从而让大家了解完成什么样的动作、是否胜任这些工作。

（三）获得融资：发展核心竞争力

创业计划书作为全方位的项目计划，指的是对创业项目实施可行性分析的过程，主要是向风险投资家、客户、供应商及银行宣传其经营模式，涵盖企业的市场、管理、产品及制度等方面的内容，这在某种意义上也是对企业宣传的文件。通过撰写高质量的创业计划书，在某种程度上能赢得政府的支持，提高创业者的自信心。

第四节 创业营销的策略

一、创业营销综述

（一）创业营销的定义

关于创业与营销的研究可以追溯到 20 世纪 80 年代初期，1982 年 Gerald Hills 与美国市场营销协会和国际中小企业委员会举行了第一次营销和创业的研究会议，会议主旨是要解决创业/营销重叠的问题，即 Marketing Entrepreneurship Interface（MEI），自此学术界开始了创业营销研究。如表 4-4-1 所示，为创业营销定义的演变。

表 4-4-1 创业营销定义的演变

代表人物	创业营销的定义
Stokes	由创业者或创业企业管理者进行的营销。创业营销理念专注于创新，其发展理念是根据对市场需求的直观理解。
Collinson 和 Shaw	创业营销是对市场环境的响应，以及预测顾客需求变化的看似直观的能力。
Morris	通过创新的风险管理、资源利用和价值创造方法，主动识别和利用获取和保留可盈利顾客的机会。
Hills	创业营销是一种精神，是一种导向，也是一种追求机遇的过程，是通过关系，特别是通过运用创新、创造力、销售、市场渗透、网络效应或灵活性，创造感知顾客价值的一种创业行为。
Whalen	创业营销是创新，主动性和冒险活动的结合，为顾客，企业家，营销人员，以及他们的合作伙伴和整个社会创造、交流和提供价值。

随着创业营销不断进入学者的视野，越来越得到学术界的公认和支持，创业营销在众多研究学者的推动下取得快速发展，其合法性越来越强。无论是分别从创业和营销两个角度研究创业营销，还是认为创业营销是营销和创业精神的完全融合，或者根据维度来反向论证创业营销的概念，目前的研究成果仍然有限。

（二）创业营销与传统营销

创业营销与传统的营销理论存在很多差异。传统营销可以根据市场导向的组织理念来定义，在细分、定位和渠道策略的指导下，通过营销组合实现运营，并通过市场情报进行支持。在确定顾客需求的同时，关注顾客获取和促销的营销定义，以及产品开发、定价和分销等营销的其他非促销方面。而创业营销很多是依赖于口碑传播，创业者将大部分时间用于与满意的顾客建立关系，然后通过顾客的口碑营销推荐给其他人。营销策略通过各种类型的营销活动来实施，这些营销活动被总结为营销组合，创业营销活动不适合这些现有的营销组合模型，创业者不会在产品、定价和渠道决策方面定义自己的营销组合，创业营销更加注重沟通和建立网络关系。创业营销更注重互动，专注于与目标市场的互动，寻求对话关系，在这种关系中倾听并回应顾客的声音，而不是通过市场调查来了解市场。

如表 4-4-2 所示，传统营销和创业营销是在不同的环境中产生的，传统营销体现企业对市场环境变化的适应能力，而创业营销则是企业通过主动性和创新方法改变企业所处的风险性环境，在相对稳定的环境中，传统营销具有普遍适用性，但是面对复杂多变的环境就需要创业营销来整合有限的资源，抓住商业时机。创业营销观念与传统营销观念的主要区别在经营方式和长远的战略导向上，传统营销主张对市场环境的适应和迎合，即根据顾客需求决定企业的生产，对市场调查获取的信息依赖程度较高，通过营销组合、渠道管理等实现营销实践；而创业营销对所处的市场环境持有怀疑态度，认为市场环境是动态的，需要充分发挥主动性特征进行实践，简单来说，创业营销是具有创业精神的营销实践。

表 4-4-2　传统营销与创业营销的比较

比较项目	传统营销	创业营销
营销概念	顾客导向：市场驱动，产品开发跟随；相对于外部环境的基本上被动的姿态	创新导向：理念驱动，直观评估市场需求；公司试图重新定义外部环境
市场方法	通过渐进式创新对当前市场形势采取被动和适应的方法；营销努力追随顾客	积极主动的方法，以动态创新引领顾客
背景	已建立的、相对稳定的市场	预想中的、新兴的和分散的市场，具有高度的动荡性并创造新的价值
焦点	营销组合的有效管理	利用网络关系、商业合作、资源利用和营销组合为顾客创造新的价值
风险前景	营销活动中的风险最小化	营销作为计算风险的工具；强调发现减轻、转移或分担风险的方法
新产品/服务开发	市场营销支持研发部门和公司其他职能部门的新产品/服务开发	营销是组织中创业过程的归宿。营销是创新之家；顾客是积极的生产者
营销概述	营销作为一个功能；营销促进交易和市场控制	营销是一种跨学科、跨职能的追求；营销促进速度、变化、适应性和敏捷性
营销人员的角色	营销组合协调员；品牌的创建者；促销和顾客沟通受到营销人员的最大关注	内部和外部变代理
顾客	智力和反馈的外部来源	积极参与公司的营销决策过程
资源管理	高效利用现有资源，稀缺心态；资源零和博弈观点	创造性地利用他人的资源：少花钱多办事；操作不受当前资源约束的控制
顾客需求	通过调查研究，由顾客阐述、假设和表达	通过主要用户发现、识别未明确的顾客需求
市场情报	严重依赖调查研究；正式的研究和情报系统	对传统市场研究的怀，使用替代方法；非正式网络和信息收集
策略	自上而下的细分、目标市场选择和市场定位	自下而上锁定顾客和其他影响力群体
方法	营销组合、4/7P	互动营销方式、口碑营销等

二、现代企业营销

大学生创业的实际情况，由于多种因素影响，导致很多大学生在创业过程中均遇到了不同程度的瓶颈和问题，其中包含企业营销不到位或者是创业项目开展不理想等，对大学生的创业积极性形成了较大的打击影响。为此，对现代企业的营销模式进行分析，并结合大学生创业营销模式所面临的困境，提出解决对策，为有关实践及研究提供参考，具有十分积极的作用和意义。下文将通过对现代企业的营销进行分析，围绕大学生创业营销面临的困境及对策进行研究。

（一）现代企业营销分析

当前的社会经济环境下，随着市场环境的不断变化，促进了人们的思想模式以及就业理念的转变，最终出现高校大学生越来越多的选择以创业代替就业的现象，从而有效缓解就业市场中就业难问题所产生的压力影响。值得注意的是，大学生创业过程中，所面临的一个突出问题就是营销问题，其中，营销对大学生创业是否成功有着关键的作用和影响。尤其是在现代社会经济发展环境下，企业进行市场营销开展的模式与传统的营销模式存在较大的区别，具有更加显著的时代特征。这是由于现代社会经济的发展，受信息技术与计算机、互联网等现代化先进技术手段影响，对人们的生产与生活方式产生了较大的影响，同时使得以计算机和互联网为基础的各媒介平台在人们日常生活中的作用和影响更加突出，在这种情况下，市场经济的发展就会受到媒体宣传与推广模式的转变影响，从传统较为单一并且狭窄的市场营销以及宣传推广环境，向着当前较为多样并且广泛、具有更强自主性与互动性的市场营销与宣传推广层面转变，因此，需要在企业的市场营销管理与发展中，充分认识到新媒体传播的重要作用，将新媒体作为企业市场营销的重要途径，从而通过有效的宣传和推广，提高消费者对企业品牌的认识，推动企业的快速发展。从上述内容也不难看出，在现代企业的市场营销中，需要结合现代社会经济的发展环境，加强对新媒体的有效运用，从而促进企业的市场营销及管理提升。

此外，受当前我国社会经济发展与资源环境保护之间的矛盾关系影响，现代企业的市场营销发展中，也更加注重低碳营销与管理发展，即在企业的市场营销活动中，需要突破传统营销模式与理念的影响，避免通过大范围的实体广告宣传，来推动企业的营销活动开展，而是通过互联网平台促进企业的市场活动及营销开展，以降低企业的市场营销成本，减少企业营销活动对自然环境的破坏和污染影响等，推动我国社会经济与资源环境保护的平衡发展。

（二）现代企业营销的特点

1. 具有很强的互动性

与传统的企业在电视或报纸等媒体上发布的广告不同，现代企业在互联网的营销广告具有传播者与接收者的互动的特征。不论是在微博上进行的宣传，还是在抖音等小视频 APP 上进行的宣传，抑或其他的互联网传播方式，接收者都可以在接收广告信息的同时对其进行实时性的评论。从这个意义上来说，在当前环境下，营销信息的发布者与接收者之间的距离缩短了，两者间的关系也随之更为密切，形成了一种类似对话的互动模式。

2. 受众的扩大

在以往以电视、报纸等传统媒体进行广告宣传的情况下，由于传播载体自身的限制（如电视广告只在特定时段播出等），营销广告的受众在数量上是相对有限的。而在当前时代这一情况得到了改变。网络这一特殊的传播载体使得信息的传播不再受到特定的时间的限制，互联网的使用者可以随时随地地接收到这些广告信息。根据有关部门的统计，截至 2022 年 6 月，我国网民规模为 10.51 亿，互联网普及率 74.4% 人均周上网 29.5 小时。可以说，现代企业营销利用新媒体这一传播方式将企业营销信息的接收者的数量扩大了。

此外，随着大数据技术的发展，企业广告的投放也变得更加有针对性了。以往由于技术的限制，广告无法针对有相应需求的人群进行投放。而在大数据技术下，这一点成为可能。广告的投放方可以根据用户平时的浏览信息及购物等方面的情况，有针对性地向其推荐一些他可能会感兴趣的产品。这种带有精准性的营销信息传播方式，使得广告向实际购买行为的转化变得更加可能了。

3. 营销中的泛娱乐化

在传统的营销信息传播中，通过某一个具体的情景来对产品进行介绍是最为常见的一种形式。而在当前时代，随着信息的接收者的多元化，这种单一的信息内容已经不再能适应需要了。越来越多的营销信息发布者选择在进行营销信息的传播时在其中融入一些娱乐化的元素，以迎合受众的喜好。举例来说，目前很多产品营销信息中都会有意识地加入一些当前的流行语，这就是为了更好地吸引潜在的购买者的兴趣和对自己产品的注意力。

三、创业营销面临的困境

大学生创业营销所面临的困境，需要从以下几个方面进行分析。

（一）创业营销管理制度不健全

当前，大学生创业的营销管理制度与监督机制不够健全不够完善是其面临的突出问题之一。大学生创业过程中，健全、完善的营销管理与监督机制是促进大学生创业营销管理实施及其效率提升的重要保障。但是，由于当前很多大学生创业的营销管理及监督机制不够完善，对企业的日常管理缺乏统一的要求和标准，从而导致大学生创业的营销管理也较为随意，对企业管理提升及发展均存在着较大的不利影响。此外，大学生创业营销管理及监督机制的不完善，也会对营销管理手段的创新和提升产生阻碍影响，从而影响大学生创业开展与企业的发展进步。大学生创业过程中，由于本身的经验积累不足，导致对创业项目开展以及企业经营管理等多个问题的认识不足，在进行企业的营销管理制度建立中，就容易出现管理制度不健全或管理机制缺失等问题，从而对创业开展及其能否成功存在着较大的影响。

（二）创业营销管理理念不完善

1. 创业营销管理理念落后

大学生创业过程中，对企业的营销管理是一项系统并且全面的工作，其对大学生创业是否成功有着非常关键的作用和影响。一旦大学生创业的营销管理理念创新不足，也会导致其营销管理的水平低下，从而直接对大学生的创业开展及其创业项目成果的获取产生不利影响。尤其是在新的社会经济发展时代背景下，随着信息技术在人们的生产与生活中广泛应用，推动了现代企业生产向着集约化管理方向转变，同时要求企业的市场营销管理应根据市场变化与发展的要求进行合理开展，但是，从当前我国大学生创业及其营销模式的实际情况出发，由于在企业的营销管理中对营销目标以及当前所面临的社会经济环境认识不充分等，导致其仍然采用传统的营销管理模式，对企业营销管理理念的创新和转变不充分，从而必然会对企业发展以及大学生创业实施产生不利影响。

2. 创业营销理念不明确

随着新媒体时代的到来，绝大多数的初创企业都在积极地适应着这样一种信息传播方式的变化，努力通过新的信息传播渠道来更好地宣传自身及产品。如很多初创企业都开通了微博、微信公众号，并以企业的身份进驻了知乎、抖音等新兴的社交平台。从实际情况来看，这样的举措为提高初创企业的知名度及扩大其产品（及服务）的影响带来了很大的帮助。

但有些初创企业，特别是中小企业，在进行网络营销时，营销的主导理念并不明确。这集中表现在缺乏足够的品牌意识。如很多初创企业在互联网上对自己企业及产品进行宣传时，仍然是以具体产品的优点作为宣传的中心，而没有有意识地树立初创企业自身的某种形象。如前所述，由于在新媒体时代，信息传播过程中的互动性增强了，因而初创企业也有必要为自己打造某种特定的"人设"，并以此来与信息的接收者进行互动，以达到吸引消费者的目的。在现实的营销案例也可以看到，很多企业的负责人都有意地以某一个或几个特点为中心，为自己打造了"人设"，其原因也正在于此。事实上，由于目前国内市场竞争的激烈化，单纯以商品的性价比作为营销宣传的内容来吸引消费者，所能起到的作用已经较为有限了。这就要求初创企业，也要有品牌意识。在营销的过程中，不断地打造、宣传自己的品牌，并将之与企业的"人设"结合起来，以实现扩大自身的网络空间和受众群体中的影响力、提升自身知名度的目的。

（三）创业营销人才及经验缺失

大学生创业过程中所面临困难和问题较为突出，其中包含资金不足、企业的综合实力不足、对企业的运营和管理经验不足等等多个内容，同时在对企业的各项工作推进相互协调中，受上述各项因素影响，也会导致其企业的市场营销开展受影响，再加上企业的市场营销人员专业知识与综合能力缺乏，也会造成企业市场营销管理中各种问题与突发情况得不到及时解决，从而对企业的营销效果及其在企业发展中的重要作用产生不利影响。

尽管目前绝大多数初创企业都在利用互联网等新媒体平台进行营销宣传，但是总的来说，国内企业的新媒体营销的专业人才仍处于较为缺失的状态。目前很多初创企业的营销部门工作人员都是从传统营销领域转型而来的。这些人在长期的工作中积累了丰富的工作经验，在市场营销方面确实有着很强的处理问题的能力。但是由于观念较为传统、对新的互联网文化不够熟悉等原因，很多营销人员并不能很好地适应新媒体时代的营销工作。举例来说，互联网这一特殊的传媒载体使得信息的传播者与接收者之间的互动得到了增强，这就对营销人员在网络平台上的交流沟通能力提出了新的要求。而很多营销人员由于习惯于传统的线下营销，在对网络平台上的信息接收者进行互动时并不够熟练。如其中的有些人由于年龄或是个人兴趣等原因，对当前网络上的流行文化并不了解。这就无法在沟通中吸引潜在的消费者的注意，获取他们的好感，从而对自己产品的宣传效果带来了不好的影响。再如前面所谈到的，目前的企业营销中存在着娱乐化的倾向，这就要求营销人员能够适应这样的网络环境并熟练地掌握相关的话语体系来对自己企业的产品进行宣传，而这也是目前很多营销人员做得还不够好的地方。

（四）创业营销成本投入不够

虽然目前很多初创企业都通过开通微信公众号、微博官方账号及进驻知乎等社交平台的方式在利用新媒体的资源进行营销，但总的来看，很多初创企业在这方面的投入并不够。有些初创企业并没有有意识地利用新媒体平台来进行营销，他们进驻网络平台在很大程度上只是一种跟风行为。这反映在初创企业的人员结构上，没有为新媒体营销岗位安排足够的人手，内部的资源分配也没有有意识地对此进行倾斜。如有些企业仅仅安排一名员工来负责企业在新媒体平台上账号的日常运营工作，甚至将这一工作交给其他员工兼职负责，这显然不利于初创企业通过新媒体渠道进行营销。

四、创业营销困境的解决对策

结合上述对大学生创业营销模式面临的困境和问题分析，为促进大学生创业营销模式中存在的问题得到有效解决，为大学生创业开展提供良好的条件和支持，需要从以下几个方面进行不断改进和完善。

（一）加强创业营销理念创新和转变

大学生创业在有效缓解高校大学生的就业压力，推动我国社会经济与产业结构调整的平衡发展等方面，均具有十分显著的作用和影响。但是，随着当前我国市场经济发展所面临的竞争压力日益增加，大学生创业虽然能够对传统就业压力进行有效缓解，但其在创业过程中也会面临着相应的行业发展竞争及压力影响，需要通过有效的营销手段，为大学生创业成功提供良好的条件和支持。在这种情况下，受新的社会经济发展时期各环境与形势变化影响，就需要加强对大学生创业的营销管理理念进行不断创新和转变发展，在实现传统的营销管理理念转变下，通过对现代化的先进信息技术与新媒体传播平台等新型营销管理手段的运用，来促进大学生创业的营销制度与管理不断规范化、科学化、信息化、完善化发展，从而为大学生创业成功提供良好的条件和支持。

（二）加快促进创业营销手段的运用

现代企业营销管理中，新媒体成为企业营销的一种重要手段，如果缺少新媒体营销的有效支持，对大学生创业的项目推广及其企业品牌在市场中的被了解、认可，均会存在较大的不利影响。而新媒体支持下的创业营销在大学生创业中应用，实际上就是要求大学生创业过程中应对其营销方向进行准确把握，从通过良好的企业品牌和形象树立，并通过对企业品牌价值的有效推广和提升，来促进大学生创业的价值得到有效展示，从而推动大学生创业的开展。其中，促进新型营销手段在大学生创业营销管理中应用，需要大学生创业的营销人员具备良好的现代营销意识，能够根据社会上的热点事件等，将其作为突破口，从中发掘与企业有关的信息和内容，以通过热点事件促进企业营销开展，从而在新媒体对热点事件的报道和传播中，对企业的品牌及产品等进行有效宣传和推广，达到相应的企业营销目的。此外，还可以通过对各种贸易平台进行有效利用，进行大学生创业的企业产品及项目推广，以达到精准营销。比如，一些行业发展中建立有专门的行业贸易平台，通过对行业贸易平台上对大学生创业项目及其产品进行推广，就能够达到较好的营销效果。

（三）提升创业营销人员能力和水平

对大学生创业营销人员能力和水平进行不断培养提升，是促进大学生创业营销管理水平提升的关键要素。其中，营销人员作为大学生创业营销管理的核心，其综合能力与水平对大学生创业营销管理的效果以及企业的发展有着较为直接的决定性影响。尤其是参与企业的营销方案策划有关人员，不仅需要具备良好的营销知识和能力水平，而且能够对企业的全局状况进行准确掌握，从而促进企业营销方案策划的质量和水平提升，为企业的良好发展及其发展方向进行准确把握。此外，促进大学生创业营销人员的能力和水平提升，需要在企业各项工作开展中，针对营销人员进行定期培训和组织教育开展，培训内容包含营销管理的基本技能以及营销管理有关职业道德与素养标准等，从而促进企业项目及产品的有关营销人员对现代企业营销的模式及其相关知识和技能进行准确掌握，结合新时期社会经济发展环境要求，不断提升自身的营销管理技能水平，为大学生创业营销管理实施提供良好的人员支持。

（四）完善创业营销具体规划

初创企业在进行市场营销时，应有明确的规划，而不能盲目跟风，这样才能充分宣传企业自身及其产品。企业在进行宣传时，可以根据本企业的情况，有意识地为自身打造一个特定的"人设"，从而与潜在的消费者互动，吸引粉丝。再如，由于大数据等现代信息技术的利用，目前营销信息的精准投放已经成为可能。在这种情况下，初创企业可以根据本企业的产品的客户群体，有针对性地写作文案、制作广告内容，通过网络平台进行投放。举例来说，如果企业的产品是以年轻人作为潜在的消费群体的话，那么不论是文案的写作，还是广告的内容都应适合这一年龄段的顾客的特点。如在文案中可以多使用一些网络上的流行语，甚至还可以借鉴一些年轻人中流行的段子等。

信息技术的应用使得各种信息传播变得更为方便。相应地，各种热点层出不穷。对此，营销人员应在对网络文化有比较好的了解的基础上，紧跟当前的热点，编制相应的宣传方案。同时，对于新兴的一些营销方式，也不能采取排斥的态度，而要在认真考量的基础上，使之能够为己所用。举例来说，目前直播带货是很流行的一种营销手段。对此，初创企业的营销人员也应将之作为一个重要的选项纳入自己的考虑范围。目前营销广告的一个趋势就是以往的那种直白地介绍产品优势的硬广告逐渐为较为含蓄的软广告所替代。相比之下，后者由于能够有机地融入特定的情景而更易于为观众所接受。营销人员可以结合本产品的特点和目标消费人群，选择合适的合作对象，制定出高质量的营销内容以进行推广。

（五）加大对创业营销成本的投入

要想让创业营销发挥出应有的作用，初创企业应加大在这一方面的投入。如在人员配备上，应选择一些熟悉营销文化和相关的操作技术的人员来专职从事相关的工作。同时，也应为他们配备工作所需的必要硬件设备。在具体的宣传营销工作中，应努力做到在多个主流平台同时开展营销，而不能只局限于个别平台。虽然由于不同的平台之间具有差异性，产品的目标消费群体可能更多地集中于某一平台，但是为了扩大企业的影响，仍应该多进驻一些平台开展宣传。不过在不同的平台之间可以有主次之分，对那些目标消费群体较为集中的平台可以在进行宣传推广时投入更多的资源，以期充分实现营销目标。

信息科技的发展，不仅带来了传媒方式的变革，也为企业的营销工作提供了新的机遇。在当前时代，创业者应顺应潮流、抓住机遇，充分利用多种传播渠道进行营销，这也是当前时代对企业发展所提出的必然要求。由于传媒方式的变化，在利用新媒体进行营销时，初创企业一方应当要对受众的心理进行研究，通过制定合适的宣传内容来迎合他们的喜好、吸引他们的兴趣。只有这样，才能尽可能地将潜在的消费者转变为现实的消费者,使初创企业在市场竞争中处于有利地位。

总之,对大学生创业营销面临的困境与对策分析,有利于促进对大学生创业过程中所面临的营销困境及其解决对策进行充分了解和掌握,从而通过对传统营销手段及理念的不断创新,在与现代企业营销技术和手段的有效结合下,完善大学生创业营销管理体系建设,推动大学生创业的成功及发展。

第五章　大学生创新创业能力培养研究

随着国家"大众创新、万众创业"政策的落实,大学生创业人数连连增加。创新创业能力对于大学生开展创新创业活动至关重要。本章将围绕创新思维与创新方法、大学生创新创业大赛概况、大学生创新创业教育课程构建、大学生创新创业能力培养策略进行阐述。

第一节　创新思维与创新方法

21世纪是一个创新的时代,世界各国之间综合国力的竞争,说到底是国民创造力的竞争,人们的创新能力变成知识经济发展的最主要的动力源泉。在努力寻求新的经济增长方式的过程中,知识与创新成为知识经济社会的第一资源。创业不一定都能产生创新,但创业的成功一定是以创新为基础的。从创新对创业的引领角度,我们认为创新是一个产生新事物、新创意,并将其商业化的过程。创业与创新密切联结。创业往往由创新而被催生,创新因创业而产生商业价值。当今的企业竞争已从物质资本与市场的竞争转移到了企业间创新能力的竞争,创新是企业可持续发展的必由之路。创新的最终价值在于将潜在的知识、技术和市场机会转化为现实生产力,实现社会进步,造福人类。实现这种转化的根本途径是创业。同时,创业可以推动新发明、新产品和新服务的不断涌现,源源不断地创造出新的社会需求,从而推动和深化创新,拉动经济增长和社会进步。

一、创新综述

(一)创新的特点

创新有以下几个特点。

（1）普遍性。创新存在于一切领域，在任何地方都可以创新。

（2）永恒性。创新是人的本能，受人类自我实现本能的支配。只要有人类，就有创新，创新永远不会终止。

（3）艰巨性。创新是相对于他人的首创行为，必定是超前的，难以得到他人的理解和支持，甚至要承受质疑、反对等相当大的压力或身处艰难的创新环境。创新本身是做前人或他人没有做过的事，取得成效的过程、方法和技术等都需要探索，因此带有不确定性和技术上的难度。

（4）社会性。创新终要形成成果才能贡献社会。完成一个创新成果，还要实施。创新的实现是在社会中完成的，产生社会性。现代社会分工细化，所以创新不可能靠单打独斗来完成。

创新无止境、无边界、无权威、无框限。最好的创新永远是下一个。

（二）创新的类型

创新可分为技术创新和非技术创新。技术创新主要指产品创新和工艺创新，非技术创新是除技术创新以外的创新，主要指服务创新和商业模式创新。现实中企业的创新往往超越产品本身，可以是开展业务和赚钱的新方法、产品和服务的新体系甚至是所在的组织与客户之间互动的新模式，所有的创新都可以以系统的方式建立。现在，越来越多的企业是在多种创新的综合运用中前行的。

1. 技术创新

（1）产品创新。产品创新是指企业能够产出与竞争对象不同的产品或服务，通过技术进步增加新的功效，或者是开发一种新的产品。产品创新的过程包括了概念的提出、市场调研、创新方案的制订、核心技术的设计与应用及产品外观设计、样品实验、批量生产、销售。产品创新是企业技术进步的核心内容和主要动力，是企业获取新市场份额的关键因素。增加功能、环境保护、定制、使用便利、交互功能、特性集成、聚焦、简化、补充、扩展和配套、捆绑、整合、系统化、安全、时尚、卓越，都是产品创新的策略。

（2）工艺创新。工艺创新指企业通过研究和运用新的方式方法和规则体系等方式，提高企业的生产技术水平、产品质量和生产效率的活动，包括新工艺、新设备及新的管理和组织方法。与产品创新具有市场效应不同，工艺创新具有生产率效应。如海尔洗衣机在节能、环保和低碳的绿色工艺创新升级过程，代表了我国家用洗衣机制造业绿色工艺创新系统的演化。

2. 非技术创新

（1）服务创新。服务创新就是使潜在用户感受到不同于从前的创新内容，是指新的设想、新的技术手段转变成新的或者改进的服务方式。服务创新一般应把握好几个方面。

①服务是靠顾客推动的。一般80%的服务概念来源于顾客，企业把注意力集中在对顾客期望的把握上，认真听取顾客反馈及建议。经营良好的企业，要应对最苛刻的客户，有些企业往往超标准提高已知的客户需求，却习惯性地忽略客户的新兴需求。而一些走在创新前列的企业把"有求必应"与主动服务结合起来，甚至可以以超前的眼光，通过创新来引领顾客的需求。

②顾客的抱怨往往表明服务有缺陷或服务方式应当改进，这正是服务创新的机会。生成洞见是创新过程的第一步。多数情况下，企业将从对客户与其他人的观察和互动中发现问题并得到解决问题的新洞见。但不要期待让顾客为企业创新，而要将注意力集中在顾客关注的问题上。对待顾客的抱怨，均应立即妥善处理，设法改善。以耐心、关怀、改进来巧妙解决顾客的问题，这是服务创新的基本策略。

（2）商业模式创新。商业模式，是指企业价值创造的基本逻辑，通俗地说，就是企业如何赚钱的。商业模式创新是改变企业价值创造的基本逻辑以提升顾客价值和企业竞争力的活动。通俗地说，商业模式创新就是指企业以新的有效方式赚钱。互联网的出现改变了基本的商业竞争环境和经济规则，标志着"数字经济"时代的来临。人们认识到，在全球化浪潮冲击、技术变革加快及商业环境变得更加不确定的时代，决定企业成败最重要的因素不是技术，而是商业模式。商业模式被视为能带来战略性的竞争优势，是新时期企业应该具备的关键能力。

广告支持、拍卖、成本领先、捆绑定价、分拆定价、灵活定价、浮动、融资、饥饿营销、免费增值、构建基础、授权许可、会员制、计量收费、微交易、溢价、风险分担、规模交易、信息交换中心、用户定义等商业模式创新，既可能包括多个商业模式构成要素的变化，也可能包括要素间关系或者动力机制的变化。

随着科技进步和社会发展，企业越来越多地借助创新应用获得战略优势。在创新中我们能够改变什么？这个问题值得所有创业者思考。总之，创新战略不仅在于市场竞争，同样的战略优势也可能存在于公共管理部门或者社会创新方面。

二、创新思维的培养

（一）创新思维培养状况分析

创新思维的顶层设计十分重要，但是高校在顶层设计上有着漏洞，并且培训课程不够完善，创新思维培养的相关课程和制度方面有所欠缺，在授课时教师往往只重视课本中的理论而忽略了创新思维的落地实践，这对于大学生创新思维培养并没有起到积极作用。并且由于应试教育的社会大环境没有改变，导致学校和家长对学生的创新思维不够重视。在许多教育概念里，创新意识的培养是和创业、规范教育相混淆的。创新教育和创业教育具有本质区别，创业教育的概念阐释为：人有意识地去创办对社会发展有影响的社会实践活动。创新和创业同时具有相同点：创新和创业都是进行创造。而创新和创业最关键的区别在于：创业教育是影响人去追求新的发展机会，通过机会来获取发展和成长，创业内部包含着创新。

1. 学生的基本情况

目前，我们依据大数据进行分析，可以得出一个明显的结论，就是大学生的自身素养是比较低的，并且在思维能力、自学能力以及自我控制能力方面有明显的欠缺。高校课堂上往往有以下几个问题：学习中缺乏积极性和主动性，在课堂上缺乏和老师的交流，老师和学生彼此不够了解。出现以上情况的原因在于大学生自身素质较低。由于各大院校扩招，间接导致招生标准不断下降。第二个重要问题就是学生选择专业的问题。许多大学生并没有选择和自己高考科目相关的专业。由于高中科目是文理分科，导致如今许多高考文科生在高校学了工科专业。再就是高校大学生缺乏固定目标，部分学生以自我为中心，只想拿到毕业证书，在学业上没有自信，认为没有前程，这都是在高校教育中有待解决的问题。能力的缺乏导致学生不能适应社会需求，最终在就业和学业方面产生问题。

2. 学校的创新培养环境

随着我国对教育重视程度的提升，高校在硬件基础设施与创新环境、师资力量方面不断进步，但是学生创新思维意识的培养始终不够完善。很多高校在教育课程设置上依旧单纯地使用偏理论的课程，并且学校中依旧采用应试教育的方式。这样的教育方式在短期之内能取得效果，但是长期看来，学生缺少了能够独立思考的机会，思想被严重束缚。教师重视理论的授课方式缺乏实践，学生只能被动学习，长此以往就会缺乏对专业技术的追求和降低兴趣，思维创新也就不能成为现实。

创新的概念常常被误以为是只有天才能理解的能力。受刻板印象影响，人们往往觉得高校大学生和科技创新无关。但是创新其实是一种十分常见的现象，我们一直都在进行着创新活动，创新能力是我们的天然属性。对于学生来说，培养创新思维不一定是要创作某种新事物，可以是通过引导学生的思维，将创新思维应用到实践中去。

（二）创新思维培养的基本要素

原有的知识基础通过客观需求的推动和综合思维方式结合起来，从中取得新方法和观点的思维过程叫作创新思维。创新有难度，只有对大批人才进行创新思维教育才能形成"大众创业、万众创新"的局面。对于大学生来说既要培养其积极思考的习惯，也要掌握基本创新思维的方式。对大学生的创新思维培养要从最基本的基础开始。

1. 开放的积极心态

创新过程里面最重要的是非智力因素，非智力因素的先决条件是有着积极的开放心态。这种心态可以帮助学生树立责任意识，更能拉动学生对新鲜事物的好奇心，培养学生的乐观精神和协调能力。如果一个学生没有好奇心，创新就不会取得成功，这无关成绩和智商。

2. 积极的思考习惯

保持积极的思考习惯和思维方式，保持好奇心和独立思考。善于思考的人有独立想法，这往往能接近正确的答案。当大学生拥有正确的思考习惯时，就能够独立自觉地分析问题和解决问题。通过独立思考来解决问题也是一种创新思维的表现形式，创新思维和良好思考习惯息息相关。良好的思考习惯能够帮助大学生培养创新思维。

3. 基本的思维方式

创新思维在许多专家眼里都是非常规的，但是也有研究认为创新思维有自己的规律，有属于自己的特点，比如创新思维可以是抽象思维、发散思维和分析思维与逻辑思维的结合。创新成果的背后是各种综合思维的合理应用。合理的基本思维是创新思维成功的基础。

三、创新方法的类型

创新方法对于提高创业项目的创新性，增加创业项目的创新点很有用，如果能够完全掌握并合理应用，必将显著提高创业项目的落地性和竞争性。在工作中可以用到很多创新方法，常用的创新方法包括：技术创新、产品创新、设计创新、应用创新、集成创新、管理创新、模式创新、金融创新、跨界创新和组合创新这十大创新方法，下面我们就来逐一加以介绍。

（一）技术创新

技术创新是指在关键技术、关键工艺和关键参数等方面有所突破创新，技术创新是科技类创业项目中最应该用到的创新方法。一般来说，技术创新主要指在关键技术、关键工艺和关键参数等方面和别人做得不同，有所创新、有所突破。创业者要围绕这三个方面去考虑是否存在技术创新，如果创业项目是采用了新的关键技术、采用了新的生产工艺、采用了新的配方、在关键技术参数上有所突破，那么本项目就存在技术创新。

（二）产品创新

产品创新是指在产品所采用的材料、产品的性能和产品的特性等方面有所突破创新。大学生创业很多项目都是以产品的形态出现的，有些项目产品具备产品创新的特质。项目产品通过使用不同的材料，改善了产品性能，降低了生产成本，提高了使用寿命。

例如，大学生创业项目有一款外墙保温防火布质材料，这款产品采用了碳纤维材料，不仅具有保温效果，而且还显著提高了阻燃能力；不仅可以用于外墙保温，还可以用来防火，在产品上实现了产品创新。

（三）设计创新

设计创新是指通过使用不同的软件、材料、机构、颜色、文化等元素组合，来进行功能设计、材料设计、结构设计、外观设计和文化设计，实现创新的设计方案，以达到设计创新的效果。

设计创新可应用于很多场景。如：在粉末冶金制品中采用了多种金属材料进行一定比例的混配烧结制造，从而显著提高了产品的性能；在衬衣生产中采用了防水的纳米材料，显著提高了衬衣的防水和防污性能，在智能交通车辆监控中增加了人脸识别技术，可以对违章过路口的行人进行图像的捕捉抓取和智能分析，这也属于设计创新；设计了一幢300米高的建筑，通过采用特殊的结构设计可以使该建筑物达到抗震14级。

（四）应用创新

应用创新是指研发的产品在应用领域方面有所突破，在用途上进行创新。应用创新可以指应用到不同的人群、不同的领域、不同的地区和不同的用途，应用创新也可以指应用到不同的性别人群，还可以指应用到不同的年龄。例如，研发的一款新型保健品，可以防止和延缓老年痴呆；研发了一款干细胞美容护肤产品，可以让老年人焕发青春；这些研发的产品中都存在应用创新。

（五）集成创新

集成创新指技术的集成、原理的集成、部件的集成和服务模式的集成。有些产品不是采用单一技术，而是多个技术的集成应用；有些产品采用的不仅仅是物理原理，可能还有化学、热力学、电磁学、光学等多种学科的原理，是多种原理的集成；有些产品不是一种服务模式，而是可以提供多种服务模式，这些产品都存在集成创新的内容。

（六）管理创新

管理创新指对项目的产品管理、研发管理、项目管理、过程管理、节点管理、方法管理、制度管理、绩效管理、信息管理、品牌管理、知识产权管理等方面的独特的具有创新性的管理行为。管理创新涉及的范围比较大，面比较广，可以聚焦一些可能存在管理创新的地方去深度挖掘提炼出来。

（七）模式创新

模式创新重点指的是商业服务模式的创新。即创业项目采用的服务模式是什么，在服务内容和服务形式上有哪些创新点，有哪些创新之处，有哪些和以往做法不太一样的地方，有哪些颠覆性的东西。例如，远程医疗服务模式，过去在没有互联网技术和网络设施的情况下，很难实现远程的医疗服务，但是今天互联网技术应用已经十分普遍，互联网基础设施也已经比较健全，在有些一、二线城市已经具备了远程精准医疗的条件，就可以开展基于手术、诊断、医疗咨询的远程医疗服务。再比如，我们都比较熟悉的滴滴打车服务模式，在共享经济的条件下，通过共享信息服务平台实现了闲置资源的共享利用，每个人都可以通过共享软件进行下单。把闲置的车辆利用起来，实现了交通出行的便利化和金融支付的便利化。一方面盘活了闲置车辆，另一方面方便了行人的出行。

（八）金融创新

金融创新主要指围绕金融服务开展的创新服务模式。金融创新主要是在金融内容与服务形式上有所突破创新，目前包括科技金融、文化金融、金融租赁、互联网金融等多种形式。

例如科技金融，权利人通过使用专利技术和软件著作权向银行进行抵押贷款，银行通过对权利人的诚信和知识产权及相关资质评估后进行流动资金贷款。

（九）跨界创新

跨界创新指通过跨界到不同的领域中去寻找创新的机会，实现跨界融合。科技和文化的跨界，科技离不开文化，文化中含有科技，科技延伸出科技文化，文化作品由科技做支撑。例如航天科技与航天文化的跨界融合，航天科技本身孕育着航天文化。围绕航天文化可以衍生出一系列的文化项目，如航天文化展览、航天科普基地、航天模拟中心、航天摄影展、航天电影展、航天探险等很多文化项目。

（十）组合创新

在开展的创新活动中，还可以把上面提到的各种创新方法组合应用，实现组合创新。组合创新的应用途径很多，应用面很广，也比较容易实现创新。可以把产品创新和技术创新组合应用，围绕有市场需求的新产品进行开发，通过使用不同的技术，来开发具有不同功能和性能的产品。可以把产品创新＋应用创新进行组合创新应用，如研发新一代的石墨烯壁毯和地毯，解决室内取暖保温的问题，野外露营的人对这样的产品也会有一定的需求。

第二节　大学生创新创业大赛概况

一、创新创业大赛的兴起与发展

创新创业大赛是由教育部、科技部、财务部等部门联合举办的一场全国性质的创业比赛。创新创业大赛举办的目的，一方面在于贯彻落实"大众创业、万众创新"理念，以创新作为驱动发展的动力；另一方面在于引导社会各界关注创新创业，并在全国范围内掀起一股创新创业风潮，推动国家经济结构由集约型转向创新型，并持续为我国经济发展注入新活力。

2012 年 7 月 5 日，第一届创新创业大赛在北京正式启动，大赛共吸引 4411 家企业和 1557 支创新创业团队报名参赛，并且还有接近 600 名创业投资专家担任评委。最终，有226家企业和20支创新创业团队获得了优秀企业和优秀团队奖。在第一届创新创业大赛举办后，大赛逐渐引发了社会各界的热烈讨论，许多创业企业和创业团队纷纷开始将目光瞄准创新创业大赛，以获得品牌曝光和资金支持。

2013年5月24日，第二届创新创业大赛在北京顺利举行。与第一届大赛相比，第二届创新创业大赛共吸引10381家企业和2928支创新创业团队参赛，从数量上相比第一届参赛企业和团队提升一倍有余。由此可见，创新创业的举办已经开始在全国掀起一股创新创业风潮，从而较好弘扬了创新创业文化。

第三届创新创业大赛于2014年3月13日正式启动。为了办好第三届大赛，赛会负责人杨跃承表示，需要本着市场化、多元化、专业化、国际化四原则，吸引更多的创业服务机构以及公益支持机构，为创新创业大赛提供相应支持。另外，第三届创新创业大赛除了在旧有的北京、深圳、上海、宁波、成都等城市举办，还新增了港、澳、台及其他赛区，进一步增强了创新创业大赛在世界范围内的影响力，也吸引了更多优秀人才回国创业。

第四届创新创业大赛于2015年4月正式启动。经过前三届大赛的铺垫后，创新创业大赛已经成为海内外创业企业、创业团队展示创新项目的重要渠道。在第四届大赛中，共有2700多个企业和团队报名参赛，并在全国34个省市设有赛区。在本届大赛中，除了对参赛企业和团队进行品评，大赛组委会还举办了一系列诸如培训大讲堂、融资路演、创业诊断等活动，极大开阔了参赛企业和团队的视野和见闻。

截至2021年9月，创新创业大赛已经举办十届。创新创业大赛发展至今，早已在全国范围内掀起一股创新创业风潮，我国每年持续增长的创业人数便是最好的证明。

二、大学生创新创业大赛的类型

（一）全国大学生电子商务"创新、创意及创业"挑战赛

全国大学生电子商务"创新、创意及创业"挑战赛（以下简称"三创赛"）是由教育部高等学校电子商务专业教学指导委员会面向全国高校(含港澳台地区)举办的大学生竞赛项目，是教育部、财政部"高等学校本科教学质量与教学改革工程"重点支持项目。"三创赛"从2009年开始至2018年已经成功举办了8届，得到了国家和越来越多企业的大力支持与赞助。

"三创赛"是激发大学生兴趣与潜能，培养大学生创新意识、创意思维、创业能力和团队协同实战精神的学科性竞赛。它是由教育部主管，教育部高等学校电子商务类专业教学指导委员会主办，"三创赛"竞赛组织委员会、全国决赛承办单位、分省选拔赛承办单位和参赛学校组织实施的全国性竞赛。竞赛分为校级赛、省级选拔赛和全国总决赛3级赛事。所有参赛学校、队伍都必须在"三创赛"官方网站（全国大学生电子商务"创新、创意及创业"挑战赛）上统一进行注册，以便规范管理和提供必要的服务。参赛队伍报名时应填写参赛队伍及助赛亲友情况，参赛题目可以在报名时间截止前确定。所有参赛队伍必须由本校"三创赛"负责人在官网上对参赛队伍进行审核通过。

获得正式注册的参赛队伍须在校级赛之前10个工作日内在官网上传参赛作品摘要。摘要内容包括项目背景意义、主要内容、成果、创新点，描述文字在100字以上300字以下，摘要可持续更新。为保证各级竞赛的一致性，参赛题目、人员组成（包括指导老师及参赛学生）等基本信息在校级赛负责人审核时间截止后，一律不予以修改。

（二）"挑战杯"创业计划竞赛

1999年1月，国务院在批转教育部《面向21世纪教育振兴行动计划》的通知中，首次提出要"加强对教师和学生的创业教育，鼓励他们自主创办高新技术企业"。为了引导和激励高校学生实事求是、刻苦钻研、勇于创新、多出成果、提高素质，培养学生创业精神和实践能力，并在此基础上促进高校创业活动的蓬勃开展，发现和培养一批在创业方面有作为、有潜力的优秀人才，1999年3月，由团中央、教育部、中国科协、全国学联联合主办，每两年举办一次的大学生"挑战杯"创业计划竞赛正式启动。"挑战杯"创业计划竞赛在我国共有两个并列项目，一个是"挑战杯"中国大学生创业计划竞赛，另一个则是"挑战杯"全国大学生课外学术科技作品竞赛。这两个项目的全国竞赛交叉轮流开展，每个项目每两年举办一届，该项比赛是全国目前最具有导向性、示范性和权威代表性的全国大学生竞赛活动。"挑战杯"竞赛采取学校、省（自治区、直辖市）和全国三级赛制，分预赛、复赛、决赛三个赛段进行。

（1）"挑战杯"大学生创业计划竞赛。"挑战杯"中国大学生创业计划竞赛，简称为"小挑"，又称商业计划竞赛。创业计竞赛是20世纪80年代在美国高校兴起的以推动成果转化为目标的活动，它借助风险投资运作模式，要求参赛者组成学科交叉、优势互补的竞赛团队，提出一项具有市场前景的技术产品或服务，并围绕这一技术、产品或服务，完成一份完整的创业计划书，以获得风险资本的投资。"挑战杯"中国大学生创业计划竞赛被誉为中国大学生创业创新类比赛的"奥林匹克"盛会，是目前国内大学生创业创新类最热门最受关注的竞赛。

（2）"挑战杯"全国大学生课外学术科技作品竞赛。"挑战杯"全国大学生课外学术科技作品竞赛，简称"大挑"。"挑战杯"全国大学生课外学术科技作品竞赛是由共青团中央、中国科协、教育部、全国学联和地方政府共同主办，国内著名大学、新闻媒体联合发起的一项具有导向性、示范性和群众性的全国竞赛活动。

（三）"互联网+"大学生创新创业大赛

2015年5月21日，教育部发布关于举办首届中国"互联网+"大学生创新创业大赛的通知，拉开了中国"互联网+"大学生创新创业大赛的帷幕。

大赛旨在深入贯彻落实全国教育大会精神，加快培养创新创业人才，持续激发大学生创新创业热情，展示创新创业教育成果，搭建大学生创新创业项目与社会资源对接平台。

大赛赛程分为参赛报名、初赛复赛和全国总决赛3个阶段，各阶段的时间安排和要求如下。

（1）参赛报名。参赛团队通过登录"全国大学生创业服务网"或微信公众号（名称为"中国'互联网+'大学生创新创业大赛"或"全国大学生创业服务网"）进行报名。报名截止时间由各省（区、市）根据复赛安排自行决定。

（2）初赛复赛。各省（区、市）各院校登录"全国大学生创业服务网"中的"省级、校级管理用户登录"界面进行大赛管理和信息查看，省级管理用户使用大赛组委会统一分配的账号进行登录，校级账号由各省级管理用户进行管理。初赛复赛的比赛环节、评审方式等由各院校、各省（区、市）自行决定。各省（区、市）在规定时间内完成省级复赛，通过评选参加全国总决赛的候选项目（推荐项目应有名次排序，供全国总决赛参考）。

（3）全国总决赛。大赛专家委员会对入围全国总决赛的项目进行网上评审，择优选拔项目进行现场比赛，决出金奖、银奖、铜奖。大赛组委会将通过"全国大学生创业服务网"为参赛团队提供项目展示、创业指导、投资对接等服务。各项目团队可以登录"全国大学生创业服务网"查看相关信息。各省（区、市）可以利用网站提供的资源，为参赛团队做好服务。

三、大学生创新创业大赛的意义

（一）增强大学生的团队合作能力

创新创业大赛主要面向创业企业和创业团队，因此大学生需要组建团队，才能参加创新创业大赛。另外，大赛也鼓励大学生跨专业、跨高校进行组队，而这对于大学生的团队合作能力要求极高。在比赛期间，由于不同项目的侧重点各不相同，因此要求大学生能够根据自身专业和特点快速分工、合理分配任务，以提升整体的比赛效率。

（二）培养大学生的创新意识

创新创业大赛的召开充分贯彻了"大众创业、万众创新"理念。自2012年第一届创新创业大赛举办至今，共有超过百万大学生投身大赛，为推动大学生创新创业做出了贡献。同时，高校也为大学生参加创新创业大赛提供了诸多支持。例如，通过在校园内构建创业创新产业孵化基地、提供创新创业信息平台等举措，为大学生创新创业提供坚实的保障。实践表明，新时代大学生更愿意通过创新创业证明自身价值。

（三）提高大学生的就业能力

大学生在参加创新创业大赛过程中，自然会接触不同高校、不同专业的优秀大学生。在持续的切磋交流中，大学生的专业水平能够得到极大提升。同时，大学生也能将高校中所学的理论知识，在创新创业大赛中付诸实践。另外，创新创业大赛设置了答辩环节，需要大学生依据创新创业项目回答专家提出的问题，此项环节存在的意义在于锻炼大学生的应变能力、回答问题的技巧等。当未来大学生就业时，这些能力也会成为大学生宝贵的财富。

第三节　大学生创新创业教育课程构建

一、大学生创新创业教育的现状

从长期的高校双创教学实践中可以了解到，当前高校的创新创业教育存在着一些普遍性问题并未得到有效解决。

（一）高校的创新创业理念有待完善

在 2019 年年初由我国高等教育办公室和国务院联合推出《如何提升高等院校创新创业教育改革的建议（试行版）》之后，国内的各大高校积极响应并把创新创业教育置于高校教学任务的首要位置。由于国内的高等教育受到应试教育的长期影响，许多创新创业理念不能够发挥出应有的价值；有一些教师对于创新创业理念的理解不够深入，在实践教育过程中把创新和创业理念采取分离教育的方式，导致整体的教学效果差强人意。

（二）双创课程建设水平有待提升

一方面是高校推行的双创课程在内容上较为固定、单一，因为在通常情况下高校的双创课程在设计与研发上，必须由校内有丰富经验教师或者与其他兄弟院校共同联合设计，但是社会上有些专业能力强的组织或者机构却鲜有参与到创新创业课程的研发中，这就给高校的双创课程的设计带来一定程度的局限性；另一方面，虽然许多国内高校在双创课程的设计与研发上都具有明显的特色性，例如"大学生创业与就业指导""KAB 基础教育""国内企业创业实践""大学生创业就业教育"等，但与学生本专业相关的创新创业教育课程开发明显不足。

（三）创新创业师资力量有待加强

国内高等教育水平的提升，使高校教学质量和国外发达国家的差距越来越小。但由于国内的创新创业教育的起步晚，发展的速度也相对较慢，高校内负责双创教育教师无论是个人能力和教学经验都有待提高。国内高校在开设双创教育课程之后，主要是由学生辅导员、经济管理专业教师负责对学生进行理论教育，这些教师很多都没有创新创业的经验，因此在进行授课的时候只能够按照教材的内容向学生灌输大量理论化、概念化的内容，实践操作和模拟训练的内容严重不足，这对于培养学生创新创业意识是极为不利的。

二、大学生创新创业教育课程体系

（一）创新创业理论课程

要开展创新创业理论课程，其目的是帮助学生了解创新创业知识，掌握创新创业教育的基本理论。这不仅能够增加他们的创新创业知识，开阔他们的眼界，整体提升他们的创新创业综合能力，也能培养他们自主学习的能力，使他们在学习知识的同时训练创新创业思维，为今后创新创业的实践活动夯实基础。目前，我国高校在专业设置上还没有"创新创业"这一专业。通常情况下，创新创业指导都是其他专业的延伸和拓展。一些发达的西方国家高校对学生创新创业综合素质的培养高度重视，设置了特色鲜明、形式多样的创新创业理论课程，不仅把学生创新创业的意识激发了起来，还使学生的创新创业技能得到了培训。我国高校要想实现创新创业指导目标体系，就必须在现行课程体系中增设创新创业理论课程，从创新创业意识、品质、能力等方面加大对学生创新创业指导的力度。近几年来，我国的高校虽然对大学生创新创业的重视程度逐渐提高，但是与国外高校之间的差距仍然比较大，无论是课程设置、教学模式，还是教师素质、学生认知。要改变这种差距，我国高校应该从如下几个方面入手。

首先，按照学生专业和年级的不同，设置相应的创新创业理论必修课和选修课。我们可以在大一、大二开设创新创业理论课程，在大三、大四开设创新创业指导课程。这样的课程设置不仅突破了专业的限制，还能够结合学生自身的专业背景提高他们的综合思维能力，使他们能够更加符合当代社会对人才的要求。其次，不断丰富理论课程的内容。在创新创业理论课程中融入思想政治教育，能够发挥思想政治教育的导向功能，培养学生的优良品质，帮助他们树立正确的创新创业意识。此外，在课程中还要加入一些创新创业的典型案例，让学生从这些案例中学到成功的经验和失败的教训，避免在创新创业的路上走弯路。如何丰富创新创业理论课程的内容需要教育者和受教育者在不断的探索中加以完善和充实。我们应该站在一个更高的角度去看待我们现有的理论知识，以一颗更加包容的心丰富创新创业课程的内容。

（二）创新创业专业课程

创新创业专业课程指的是将其他专业同创新创业结合起来，根据所设专业的不同配套相应的创新创业指导方案。这样做不仅充分地利用了有限的课堂资源，还拓展了专业学科的应用范围，使教学内容得以优化，广泛地培养了学生创新创业的品质和能力。一般情况下，我们可以把高校创新创业专业课程分为必修课和选修课，课程的主要内容包含市场营销、经济法、创新创业常识、创新创业心理学、创新创业技能。课程设置目的在于传授创新创业的相关知识和技能，培养适应社会需求的具有较高素质的创新创业人才。那么，怎样科学合理地设置创新创业专业课程呢？

首先，根据专业和年级的不同，开展有针对性的课程。由于学生的认知是随着年龄的增长而不断拓展的,在大一、大二年级比较适合开设基础课程,大三、大四随着学生专业知识的夯实以及参与一些社会实践活动,高校可以开设专业知识与创新创业实践指导相结合的课程。学生可以从自身专业的角度出发理解创新创业所需要掌握的技能和能力,将它们运用到实践活动当中,不断强化自身的创新创业能力,为今后走上成功之路打下坚实的基础。其次,建立专业化的师资队伍。目前,高校创新创业教师队伍的建设面临一些实际问题,比如专业教师缺乏,没有清晰的定位,企业实践经验不足。创新创业教育本身需要任课教师具有很强的跨学科能力和较多的实践经验,一些教师是由其他专业或行政岗位转岗过来的,他们跨学科的能力亟待加强,很多教师也没有创新创业的经历。因此,高校要聘请一些有实践经验的创业者到学校任教,以丰富创新创业教育教师队伍的建设。

(三)创新创业实践课程

美国著名的教育家杜威(Dewey)是实践活动课程的开创者,他开办的芝加哥实验学校最早开设了实践课程。在创新创业指导课程体系中,实践课与理论课程和专业课程充分地结合起来,以活动的形式向学生传授创新创业知识,培养他们的创新创业技能。通过师生之间的互动,教师能够比较客观和准确地把握学生对创新创业理论和专业知识的掌握程度。因此,对于高校创新创业指导课程体系而言,创新创业实践课程有着极其重要的作用,能够反映出学生创新创业的能力和综合素质。创新创业实践课程和创新创业指导理论课程与专业课程比起来,就像大学生创新创业指导的第二课堂。我国的高校应该充分借鉴国外高校设置创新创业实践课程的经验,将社会实践活动同课堂教学紧密地结合起来,通过开展实践活动向学生传授相关知识、渗透创新创业理念。与此同时,高校要积极地和企业建立创新创业基地或者利用企业现有的资源,使学生将所学到的理论知识尽快转化到创新创业的实践中去。

首先,高校要鼓励学生利用校园中的创新创业基地尝试开办自己的小企业。高校的创新创业孵化基地能够给有创新创业兴趣和能力的学生提供进行实践的平台。由于各自专业的不同、经历的不同、想法的不同,他们可以大胆地经历创新创业的每个环节。其次,勤于交流成果和经验。高校不仅要给学生提供创新创业实践的平台,还要及时地对实践过程进行检验并给出相应的指导。要提供更多的交流机会,通过论坛及讲座的形式,交流创业实践心得。最后,教师在对创业实践课程进行期末考核的时候,可以以举办创新创业计划大赛的形式检验课程的效果。学生们可以根据自己参与实践活动的经历,按照自己的想法和兴趣来制作创新创业计划书。大量实践表明,一个学生的创新创业综合素质和综合能力究竟怎样,可以通过制作创新创业计划书得以充分体现。

三、大学生创新创业教育制度体系

(一)组织领导机制

目前,大部分的高校都针对学生创新创业设置了创业指导机构。从组织结构来看,就业指导中心是创业指导机构的上级,对其进行管理。各学院(系)将大学生创新创业的信息上传给就业指导中心进行统一的存档和整理。可见,大部分的高校没有对大学生创新创业的组织领导工作给予足够的重视,没有设置对大学生创新创业进行指导的组织领导机构。高校应该整合校内外丰富的创新创业资源,与企业开展合作,加强创新创业的组织领导工作,为构建完善的创新创业指导体系和提高大学生创新创业的成功率提供有效的组织保障。

首先,高校要明确大学生都有哪些方面的创新创业需求。大学生创新创业者有着和其他创新创业者不同的特点,他们创新创业的时间基本在大学期间和毕业后的两年,因此高校要负起责任及时地了解他们在创新创业的过程中都遇到了什么样的困难、有哪些亟须解决的问题、需要哪些帮助。这样,高校才能有针对性地指导大学生如何更好地创新创业。高校要组织教师和学生组成专业的调查队伍,走进大学生创办的公司,了解他们的经营情况,掌握第一手资料,通过对数据的汇总和分析,帮助大学生创新创业者找到解决问题的办法,帮助他们渡过难关。其次,要进一步强化大学生创新创业指导工作的组织领导。高校的创新创业指导机构能够引领和推动大学生的创新创业工作,因此高校必须设置独立的大学生创新创业指导部门,从宏观层面对大学生的创新创业进行指导。高校可以联合多个部门,比如学生管理中心、后勤管理中心、就业指导中心,对大学生创新创业指导工作进行分工合作管理。另外,针对大学生在创新创业过程中所遇到的困难和问题,高校要设置由专职教师组成的大学生创新创业咨询中心,为有意向进行创新创业的大学生提供相关的咨询工作。高校要在校园内形成一张覆盖各个院(系)、行政部门的创新创业指导联系网,建立健全创新创业组织领导工作机制,为大学生创新创业提供有利条件。最后,高校要以大学生创新创业指导实践课程为平台,建立校外创业组织领导机制。大学生创新创业指导实践课程的开设让学生有机会走出校园,与一些公司和企业进行对接,在这个过程中,高校需要加强组织领导。

为了更好地开展学生的创新创业实践活动，更好地管理学生，高校的创新创业指导可以在公司和企业的支持下，设立校外创新创业服务机构，扩大管理的覆盖面。高校要根据学生实践活动的具体情况进行部署和协调，充分保障大学生创新创业实践课程的顺利开展。

（二）教学管理体系

培养全面发展的人是我国高等教学的重要任务。教学管理工作是完成这一重要任务的保障。教学管理涉及很多内容，比如课程设置、教学方案创新、教师队伍建设，各个环节之间相互影响、相互联系，一同组成高校教学管理体系。目前，一些高校并没有将学生创新创业管理纳入教学管理的范畴，即使纳入了教学管理的范畴，也存在定位不清的问题。因此，高校教学管理要针对大学生创新创业指导工作做出如下调整：首先，加强教师队伍的管理。目前，担任大学生创新创业指导教学工作的一些教师的教学方法比较单一，和实际情况存在一定的脱节。尤其是一些教师根本没有创新创业的经验，他们灌输给学生的都是一些理论知识，与学生的需求存在着差距。因此，高校要建设一支有着一定创新创业经验的教师队伍，通过他们自身真实的经验和感受来指导大学生创新创业。在教学的过程中，教师可以采用模拟真实的创新创业场景、案例分析的教学方法，提高学生参与实践活动的热情，更加有效地进行教学管理。其次，教学管理模式的改变。目前，高校按照学生的专业和院系对他们进行教学管理，这样做的弊端是制约了他们对专业以外的知识的获得。这种教学管理模式同样限制了高校对学生创新创业指导的教学工作。高等教育的目的并不在于培养出具有相同特点的人，而是要基于每个学生的优点，培养出具有创造性的人才。因此，在现有的学分制的基础上，高校的教学管理模式要勇于创新，尝试推行导师制。国外很多知名高校都推出了导师制，在教学管理方面取得了不错的效果。学生可以根据自己的兴趣选择导师，在导师的指导下进行各种实验、撰写论文，同时增进了师生之间的互动，导师能够及时地了解学生的学习情况和心理变化。最后，教学管理理念要以学生为本。学生是教学管理的参与者。高校在进行教学管理的时候需要从学生的角度去思考采用什么样的教学方法激发他们的学习兴趣，掌握他们真正需要什么，同时借助思想政治教育的导向功能引导学生的行为。高校可以鼓励大学生创立创业社团、创业协会等以大学生为主体的学生组织，这不仅可以提高大学生的创业兴趣，更重要的是可以培养大学生的组织协调、团结合作的能力。高校要不断地满足学生对知识渴求的欲望，不断提高他们自我管理的能力，创新管理模式。只有这样，高校才能真正地践行以学生为本的教学管理理念。

（三）激励考核机制

高校要鼓励大学生创新创业，从精神层面和物质层面给予他们必要的帮助，卸下他们的思想包袱。除了建立良好的组织领导机制和教学管理体系之外，高校还要在创新创业指导方面设立激励考核机制。目前，很多学生的生活费还是得依靠父母，没有创新创业资金，这成为他们创新创业路上的第一只"拦路虎"。首先，高校设立创新创业激励考核机制可以从精神层面对学生给予支持，对在创新创业方面有突出表现的学生重点培养，在评优奖先方面优先考虑并适当照顾。其次，高校要给予一定的资金支持。高校要定期组织专家对创新创业作品进行审核，对于有发展前景、具有开创性的创新创业项目要给予物质奖励；对于积极参加各类创新创业大赛的学生要报销交通费，给予一定的补助；对于正在进行创新创业项目的学生，要及时了解他们的需求，并在政策、资金、技术上给予支持。基于精神层面和物质层面建立起来的激励考核机制能够充分满足学生的现实需求，将激发学生创新创业的积极性和主动性，相信今后会有越来越多的学生走上创新创业之路。

第四节　大学生创新创业能力培养策略

一、大学生创新创业能力结构

创新创业能力是一个人在事业追求和奋斗过程中所表现出来的能力总和，它是以创造性人格形成为根本、以创新创业素质形成作为中介和以创新创业关键能力形成作为支撑的人格—素质—能力系统。可以说，一个人只有具备了创造性人格，才使自身从根本上向创新创业人才方向发展。如果一个人没有把服务社会作为根本价值追求，就不会产生不断超越自我的人格追求，就无法支持其长期奋斗的动力。当一个人认识到"只有通过发明创造才能真正推动社会发展"是其基本的认识模式时，并且认识到"自己就应该成为发明创造的一分子"是其努力的方向时，那么不断地向这个方向努力就是其人生成长的动力，这就是创造性人格的基本特征。具备这样的人格特质的人，一是，表现为主体性非常强，坚持自己的独立判断，实事求是，不等不靠，一切依靠自我奋斗和努力，把人生成功的根本建立在自我努力的基础上。二是，具备这样特质的人批判性非常强，他不断地发现自身存在的不足，也在批判社会发展过程中存在的弊端，从而具有一种至善追求的动力。这种对至善的追求实质上也是对美的追求，因为通过对至善的追求他自身才能获得快乐，从而无法容忍自身和社会上的不善持久地存在。三是，具有至善追求的人格使他们具有果断性品质，会主动从社会利益出发选择自己的价值立场。四是，为了达到至善的结果，选择以合作作为手段，与他人展开广泛的合作，形成社会合力，达到比较满意的社会效果，更快地实现自己的人生理想。五是，为了实现社会理想目标，会对自己提出非常严格的要求，从而行动的逻辑性非常强，同时思维的逻辑性也非常强，即使自己的一切行动服从自己的根本价值追求，而且自己在任何行动之前进行缜密的思考。六是，他保持非常强的反思性，以行动的效果来检讨自己的思考与行动是否严密，是否合乎规律，这种反思性品质也是其成长的动力来源。七是，他具有强烈的实践性品质，希望无论什么样的美好设计都可以通过实践来检验，不希望自己仅仅停留在空想中。所以，创造性人格品质具有主体性强、批判性强、果断性强、合作性强、逻辑性强、反思性强和实践性强七种系列的内在品质。

创新创业能力是通过一系列心理素质表现出来的，这些心理素质构成了由低到高七个等级。一是自信心非常强，自信心就是对自我能力的认可，是对自我的肯定，也是自我效能感的体现。二是责任心非常强，他忠诚于自己的价值信仰，敢于为实现自己的理想目标承担起相应的责任。三是冒险精神非常强，他意识到无论做出什么样的探索都需要有付出，在很多时候必须为了长远目标的实现而牺牲个人眼前的利益。四是合作精神非常强，因为他知道单枪匹马是干不成大事的，只有通过组织大家，将大家团结起来才能成就一番事业。五是市场意识非常强，因为他知道满足社会需要是根本目标，社会需要的满足不能单靠个人的一腔热血，还需要经过市场选择的淘汰，只有具备很强的社会服务精神才能经得起淘汰选择。六是风险意识非常强，因为他意识到任何努力都可能存在失败的风险，都不必然取得成功，为此就必须慎之又慎，不断地完善和优化自己的行动方案，尽可能做到万无一失。七是具有非常强的抗挫折性。因为任何成功都是有条件的，总会遭遇到一定的挫折甚至是非常严重的挫折，而且有可能是非常致命的打击。但无论什么样的挫折和打击，都要求一个人必须勇敢地承受，而不能一蹶不振。自信心与抗挫折性具有一种互生效应，如果说两者是一体两面也不为过。

创新创业能力集中表现在七个关键能力上，这七个关键能力之间也是一种递进的、螺旋式上升的、循环往复的关系，甚至受到环境影响会出现逆向发展情况。

从根本上讲，一切能力发展都取决于个体的主体性品质，其直接表现则是自信心素质。在这七个关键能力中，第一位的是目标确定能力，因为一个人只有确立合理的行动目标，才可能为随后的行动开好头，铺好路。第二位的是行动筹划能力。行动筹划能力与目标确定能力具有直接的依存性，因为行动受目标牵引。行动筹划能力受个人的知识面影响，受个人的交往关系影响，受个人的资源状况影响，受环境的急迫性影响。第三位的是果断抉择能力。当一个人面临众多可选择对象时，特别是每一种选择都意味着不同的利害关系时，确实在考验一个人的抉择能力。第四位的是沟通合作能力，这实际上所显示的是一个人的领导管理能力，因为它反映了一个人能否与他人结成利益共同体，使他人心甘情愿地与他一起奋斗，而不仅仅是一种临时的利益联盟。第五位的是机遇把握能力，这实际上考验的是一个人的市场敏感性，对社会需要的深度认知和对各种资源的调配能力以及对各种政策的灵活运用。第六位的是风险防范能力，这种能力就是考验一个人是否具有辩证思维能力，是否具有一种危机意识，是否能够未雨绸缪，是否善于不断反思总结过去的经验教训，唯如此，才可能有意识地规避各种可能的风险。最后是逆境奋起能力。这当然更是考验一个人是否善于换位思考，是否善于辩证思考，是否善于变被动为主动，是否善于重新整合资源。因为每个人都是从失败过程中走出来的，不经过失败锤炼是不可能获得更大成功，在失败经历锤炼下，如何使一个人性格更加顽强，对理想目标更加坚定，对自信心更加提升，从而使个体变得更加精于行动筹划，都是创新创业人才成长过程中的必修课。

二、大学生创新创业能力特征

大学生创新创业能力怎么定义呢？大学生是一个特殊的群体，因此，对这一群体的创新创业能力进行界定的时候应该区别于一般性的创新创业能力的界定，其范围应该缩小，更具针对性，更加具体。与社会创业者、企业家不同，大学生创业并不是简单地在某电商平台上开个网店或是在线下做个小买卖，而是要在创业的过程中体现出创新，为社会带来价值。因此，在总结了前人的研究之后，结合我国的社会环境和大学生这一群体的独有特点，大学生创新创业能力应该定义为：根据已经掌握的科学文化知识和周围资源，大学生对事物进行创造和改进，并将其转化为对个人或者社会发展有益的经济价值、社会价值、文化价值等的能力。

（一）时代性

目前，我国正处在中国特色社会主义进入新时代的关键时期，国家建设需要大量具有创新能力的人才,作为掌握着先进的科学文化知识和一定技术的群体——大学生,责无旁贷地成为推动时代发展的青年主力军。因此,大学生应该抓住时代发展的契机,在"大众创业、万众创新"的引领下,不断培养自身的创新创业能力,在实践中进一步完善自我,积极地回应这一时代主题,体现新时代的特色。因此,大学生创新创业能力的时代性是指大学生将国家发展、社会进步和个人的理想信念、人生追求紧密地联系起来,积极响应国家在制度、知识、科技等领域的创新发展要求,在"互联网+""中国制造2025"等大环境背景下,投入新模式、新业态、新技术的开发和应用中去,不断提升和培养社会发展、职业发展所需要的创新创业能力。

(二)民族性

世界经济的格局正在经历新一轮的商业创新和技术变革的改变,无论是发展中国家还是发达国家,都把创新放到了更为重要的位置上。然而,由于社会制度、经济发展程度、认识水平的不同,各国对大学生创新创业能力的要求也存在着一定的差异。因此,只有充分地结合各国的实际情况和发展需要,制定切实有效的战略,才能够更好地培养大学生的创新创业能力。就我国而言,大学生创新创业能力的培养要始终坚持中国特色社会主义的正确方向,坚持共产党的领导,必须和培养社会主义合格的建设者以及可靠的接班人所具有的能力相一致,这种能力是要为实现中华民族伟大复兴的中国梦所服务的。

(三)阶段性

创新创业是一个循序渐进的过程,它并不是一蹴而就的。它由多个阶段构成,主要分为意识觉醒、初创期、发展期、成熟期。在不同的阶段,创新创业主体需要具备不同的创新创业能力。相对于其他的创新创业群体,比如创业者、农村外出务工人员、企业家,大学生创新创业群体的特殊性体现在创新创业的时间范围上,也就是在校期间和毕业后的两年以内。这个时间范围对应着创新创业阶段的意识觉醒和初创期。在这个阶段,对创新创业者创新创业能力的要求主要倾向于培养他们的创新精神、具备一定的学习能力、掌握一定的知识和技能。当他们进入发展期和成熟期之后,应该具备更加专业、更加深入的能力。每一个大学生都要具备创新精神、学习能力、创业人格等意识觉醒阶段所要具备的创新创业能力,而像企业管理等能力则是那些进入初创期,即能够把科技成果转化为现实生产力和实际创业的一少部分人所具备的创新创业能力。

(四)发展性

发展性是大学生群体创新创业能力区别于其他群体的另一个特点。学习先进的科学文化知识是大学生的第一要务。除了主观的和天生的创新创业能力之外，大学生群体还要通过后天的学习和外界环境影响来获得。当然，大学生群体的创新创业能力也是一个由低到高、由弱到强逐渐发展的过程。在国家大环境的熏陶下、在社会的支持下，在高校的教育下，在家庭的感染下，大学生群体的创新创业能力一定会得到更好的发展，而高校的教育是他们同其他群体最大的不同。换句话说，大学生的创新创业能力是可以通过教育来实现的。

三、培养大学生创新创业能力的意义

(一)为新时代输送人才

培养大学生自主创新学习能力是适应时代发展的必然要求。当前的国家经济需要创新型的人才辅助其打破局势，找到经济转型之路。而且创新从来都是事物发展所需要的驱动力。而大学生受到更高的教育、获得了更多的关注与期待，是新时代的人才基础，其创新创业能力直接关乎我国经济的整体潜力水平。各大院校担负着为社会输送人才的责任，其相关能力培养自然是人才输送的前提准备。

(二)增强学生就业实力

大学生最终要迈入社会，进入到各个具体的岗位。当他们的能力千篇一律、毫无特色时，就会存在很大的被替换的隐忧，进而不断地循环在就业与失业之中。而创新创业能力是大学生个体能力的体现，区别于其他的可替代能力，既能帮助其就业实力提升，又能让其出类拔萃，受到用人单位的青睐，进而拥有稳定的、不断晋升的发展机会。

(三)拓宽学生择业范围

创新创业能力代表者大学生个性化的能力，可以使其在择业时拥有更大范围的选择，即可以选择自己专业学习后按部就班地参加工作，也可以选择以创新、创业为思想基础地进行自主创业。这一方面可以为市场带来新的元素，增添市场活力，一方面也能减少大学生因找不到合适岗位而赋闲在家，白白消耗青春。可谓是把大学生的青春活力、才干潜力用在"刀刃"上。

四、大学生创新创业能力培养策略

（一）进行人生目标教育

这种教育绝不是灌输式的，必须是启发式的，是通过广博知识学习和实践体验进行的。广博的知识学习，有助于使个体发现自己的潜力和发展方向，而真实的实践体验能够促进个体进行自我反思，找到自己真正的努力方向，所以，没有广泛的知识涉猎和挑战体验过程，就难以找到人生发展方向和目标。很显然，个体的兴趣爱好与成长环境是密不可分的，正是长期的生活体验让个体逐步发现了自己的潜能所在，在不断反思过程中来矫正自己的认识偏差的。当一个人只要找到自己适合的并且喜欢从事的职业类型就基本上找到自己的人生目标，而每个人的性格特征与不同职业之间具有或多或少的关联。人们总是倾向于找到与自己个性特征关联度强的职业，如此才能够使个体心情舒畅，乐意从事，而且不计得失，如此才能更好地激发自身的创造性潜能。只有一个人找到最适合的工作领域，才能充分激发他的创造潜力。可以说，人生目标教育就是在训练人的目标确定能力，而且是根本性的训练。

（二）进行职业生涯规划教育

职业生涯规划已经成为大学必修课，在国外，职业生涯规划已经进入中小学课堂，因为人们从很小的时候就开始畅想以后想从事什么样的工作，随着年龄增长和成长环境改变，职业目标也会改变。进入高等教育阶段，人们的职业目标越来越确定，从而就开始人生发展规划。此时，人们就会不自觉地向理想职业目标进行对标，看看自己究竟具备什么样条件，还缺乏什么样的条件，以及该如何巩固自己的优势和弥补自己存在的不足。人们无不把专业知识学习作为职业生涯规划的基础，把课内课外的实践机会当作能力培训的阶梯，因为人们相信，个体储备的专业知识越多就会给自己带来越大的发展空间，个体越擅长交往就越能够为个体赢得发展机遇。在专业学习同时，人们也非常关注相关知识的学习，希望自己未来职业发展具有更大的灵活性，不至于终身固定在具体的职业之中。由此可见，人们对未来职业进行主动筹划是人的理性本质的反映，因为人们都不希望在面对未来职业挑战时完全是门外汉。人们在接受高等教育阶段一般会比较主动地思考未来职业究竟需要什么样的能力，应该具备什么样的素质，这些思考会变成他在课程选择、活动参与的参考。职业生涯教育的核心就是进行行动筹划，以便确定自己该做什么和不能做什么。那么职业生涯教育的重点就是培养个体的行动筹划能力。

（三）进行科学方法训练

"工欲善其事必先利其器"，科学方法是一个人获得成功的前提。科学方法就是人们发现问题、分析问题、提出假设、验证假设、做出结论的方法。我们知道，无论是谁，都无法直接去面对复杂多样的现实问题，都必须进行具体问题具体分析，都无法按照书本上的原理进行照搬照抄，否则就会遭遇挫折，为此就必须学会如何分析问题和解决问题的基本方法。分析问题的过程就是找到各种影响因素的过程，解决问题的过程就是找到最关键影响因素并把它转变为实践操作方案的过程，其中就蕴含着对事物发展状况的分析判断、提出假设、收集资料、经验验证和做出结论的过程。

人们经常习惯于用过去的经验去分析问题、做出判断，然而，如果不结合具体问题情境，仍然会面临失败的打击。所以，如何掌握具体问题具体分析的原理就是一个人面对生活挑战时必须具备的基本功。科学方法训练，就是让大学生直接面对现实生活和生产中存在的问题，组织他们尝试找到最优解决方案。今天的探究式教学、创新创业计划训练，就其实质而言，都是在进行科学方法训练，而且在这个训练过程中，也就是在培养学生的目标确定能力、行动筹划能力、果断抉择能力、团队合作能力、把握机遇能力、防范风险能力和逆境奋起能力。

（四）进行人文精神陶冶

创造性人格的养成需要以丰富的人文知识为积淀，如果没有历史上的先贤为榜样，一个人就很难具有超越的理想目标。人文精神的核心在于具有人文情怀和对他人的责任感，这经常被人们理解为家国情怀，也即对国家、对民族、对社会、对集体、对家人的爱。每个人都是社会的一分子，也是民族的一分子，更是家庭的重要成员、集体的一个细胞，都是现代国家的公民，都具有为社会进步、民族昌盛、国家强大、集体兴旺、家庭幸福做出贡献的责任和义务，就必须思考自己该如何进行价值定位，思考在个人目标实现过程中如何促进社会发展。只有通过服务于社会，贡献于社会，才能赢得个人的地位和荣耀。有了这样的价值定位就能够为个体不断探索、不断创造、不断成长输入源源不断的动力。

（五）政府出台相关政策

政府在出台大学生创新创业相关政策时，应考虑两点，一是创新创业是动态发展的，大致包括初创、培育和成长三个阶段，在每个阶段都要先了解需求，以确保政策的高度贴合。二是关注大学生的特点。有必要以对应法律的形式来规范大学生创新创业过程，这样不仅能为相关部门落实政策提供指导，明确划分各部门的职责，而且在问题出现的第一时间便可对应责任主体，提高政策落实效率，保障大学生创新创业活动的有序、规范开展，鼓励更多大学生按照合法合理流程创新创业。同时，政策的落实离不开地方政府和学校的大力执行，应将政策和自身实际情况相结合，出台实施方案。以大学生创新创业专项资金政策为例，应充分考虑资金困难问题，以当地政府为主导，高校联合本地银行、小额担保机构等，共同解决。另外，政策落实重在沟通，政府部门及其和企业、学校之间，要及时通过召开会议沟通协作，促进政策有效落实。

（六）设置创新创业课程

系统的课程教育更有利于收获良好的培养效果，为此建议高校设置创新创业课程，该课程以全校学生为对象，要求学生积极参与课程学习。该课程可以是单独的，也可以是课程体系中的重要组成部分，内容丰富，如大学生职业生涯规划、创新思想的形成、创新方法的应用等，形式多样，如课堂教学、成功人士讲座、学习及经验交流会等，以吸引大学生积极创新创业，用所学知识不断探索，并将目光和思想放长远，持续研究创新创业新理念、新模式。

针对当前高校大学生创新创业侧重大四阶段的问题，建议构建覆盖整个大学学习时期的课程体系：一是大一时期。不断引导学生认识和理解所学专业，适当性地让学生接触一些创新创业方面的思想，让学生对本专业创新创业有一定概念，甚至产生一定的兴趣。二是大二时期。教授学生应用文尤其是项目申报书的写作知识及技巧，同时融合简单的管理学知识。三是大三时期。有序地开展经济学教学，创新创业与经济密切相关，不仅要考虑创新，更要关注经济投入（成本）与收益，与之前的管理知识相结合，综合提高学生的经济管理能力。四是大四时期。教授学生商务技能与谈判技巧，无论是创新创业还是就业，人际和业务沟通都离不开交流及商谈技能。

（七）组建创新创业师资队伍

负责创新创业教育的教师，自身专业知识及实践经验必须丰富，综合素质要高。为此，一方面，高校应为教师提供各类有利于专业知识强化、实践经验积累的参与机会，并督促甚至强制要求教师参加。如学校之间、学校和社会各行业之间等组织的创新创业交流会、讲座，便于互相探讨、学习；不同类型、不同等级的创新创业技能大赛等。要让教师走出课堂、校门，到外面的社会中，通过与其他学校、企业等相关人员的交流,甚至是合作等,实现自身知识和能力的增长,更好地服务于大学生创新创业能力的培养。另一方面,高校也要根据自身所需,邀请其他学校、社会企业中创新创业领域的知名专家和成熟人才,到本校开展创新创业知识与技能讲座,或任职创新创业教育方面的教师,结合新经济形势,为学生普及创新创业新知识、新要求,教会学生进行创新创业所应具备的知识、能力、技巧、素质等。然后模拟各行业创新创业情境,通过角色扮演以及专家指导,了解、纠正、完善创新创业实际过程。

(八)提高创新创业培训及风险意识

在互联网、5G、云计算等技术已实现普及应用的当前时代,创新创业教育可利用线上经济来辅助开展。在此过程中,政府、高校以及企业应形成合力,借助在线经济如数字经济、直播电商、共享经济等,从中选择适合的内容及成熟的经济模式,分析后总结并构建适用于大学生的创新创业培训体系,包括理论知识、相关课程以及模拟实践等,以大学生职业规划和发展为导向,进行创业培训。

当前经济形势下,越来越多的大学生开始选择创新创业,然而高校扩招也形成更严峻的就业压力,因此大学生创新创业面临着机遇,也迎来了挑战。为此,国家社会、企业、高校以及大学生都应发挥自身的作用,出台政策、达成合作、壮大师资力量、提高知识储备和实践能力,形成创新创业培养合力,为国家和社会培养和输送合格的创新创业人才。